中国当代农村发展论丛
张德元 主编

从『三农』之外求索『三农』问题解决之道

杨国才 著

中国科学技术大学出版社

内 容 简 介

"三农"问题久拖不决的根源并不在"三农"本身,而在"三农"之外。研究"三农"问题,不能就"三农"论"三农",而要跳出"三农"看"三农"。本书试图从工农业关系重塑、统筹城乡发展、农村人力资本反哺、产城融合发展、承接产业转移、农业税终结、宏观经济调控、涉农体制改革等方面,系统地研究"三农"之外的各种战略选择、政策供给和制度安排影响"三农"问题的机制与路径,在此基础上寻求"三农"问题解决之道。

图书在版编目(CIP)数据

从"三农"之外求索"三农"问题解决之道/杨国才著. —合肥:中国科学技术大学出版社,2018.1(2021.9重印)

ISBN 978-7-312-04356-7

(中国当代农村发展论丛)

安徽省"十三五"重点图书出版规划项目

Ⅰ. 从… Ⅱ. 杨… Ⅲ. 三农问题—研究—中国 Ⅳ. F32

中国版本图书馆 CIP 数据核字(2017)第 276097 号

出版	中国科学技术大学出版社 安徽省合肥市金寨路 96 号,230026 http://press.ustc.edu.cn https://zgkxjsdxcbs.tmall.com
印刷	安徽国文彩印有限公司
发行	中国科学技术大学出版社
经销	全国新华书店
开本	710 mm×1000 mm　1/16
印张	10.5
字数	178 千
版次	2018 年 1 月第 1 版
印次	2021 年 9 月第 3 次印刷
定价	39.00 元

总 序
PREFACE

20世纪80年代,我在中央机关参与农村改革政策调研时,就坚持认为,中国农村政策最基本的问题是农民问题。到90年代政策界在全球化导向下转而把农业问题作为主要关注领域之后,我则一再强调中国的"三农问题",而且在排序上坚持把农民权益放在第一位,然后是农村可持续发展问题,最后是农业安全问题,并认为"三农问题"之所以不同于微观产业经济领域讨论的"农业问题",是因为作为"原住民大陆"的中国农村社会经济运行的真实逻辑,与"殖民地大陆"的美洲和大洋洲存在着质的差别,各自的主要发展经验在根本上没有互相复制的可能性,在此基础上形成的政策和理论并没有对错与好坏之分。据此看,对于影响巨大的政策研究而言,任何简单化地套用或教条化地照搬,都势必造成巨大损失。这些思考,在我近年来所发表的文章中随处可见。其实,"真理往往是简单的",不会迷失在故弄玄虚之中。

不过,我在坚持"非主流"意见的同时,预感到不能再以这种角度开展农村政策研究,遂去高校完成了在职研究生的学习,同时争取多做些国家级课题和国际合作的科研项目,以便及时转向学术研究。为了更好地理解农村改革发生的内在机理,进而把握和预见中国未来的农村发展趋势,我用了三年时间梳理20世纪中国经济史,并做了中国宏观经济与"三农"发展的相关研究。据此可知,从中国农村改革至今约40年的长期经验看,其不仅在本源上与20世纪70年代末期的宏观经济危机直接相关,而且"三农"领域每一次的重大政策变化,也都受到改革开放以来的经济周期的直接影响。

安徽广大干部、群众以及"三农"学界对农村改革贡献极其巨大。早在20世纪60年代初,国家工业化的原始积累阶段遭遇外资中辍导致经济遭受严重破坏之际,中央决定实行"三级所有,队为基础",就是把服务于工业化的农村体制从"一大二公"的乡级人民公社退回到村级生产队核算,同时允许农户搞"三自一包"。安徽省干部、群众在时任省委书记曾希圣同志的支持下,在全省推广责任田,通过"包产到户"的办法解决了生存问题。由于1963年宏观经济初步恢复之后国家仍然要通过集体化从"三农"提取积累,留利于民的责任田制度在三年自然灾害后被取消。但这一探索本身表明了安徽广大干部、群众从不缺乏改革精神。

长期从"三农"获取剩余用于城市工业化发展的汲取政策,使得农村改革启动前期,没有得到政策机会发展社队工业的安徽农民远比那些有工业基础的沿海省份和城市郊区农民生活困苦得多;此时的安徽,不仅城乡之间的基尼系数,而且农村内部不同区域之间的基尼系数,都在显著恶化。1975年,完全没有工副业生产的安徽省凤阳县小岗生产队人均口粮才75公斤,全年人均收入20元,一年有10个月的时间吃返销粮,农民生活极端困苦。因此,凤阳县小岗生产队和肥西县小井庄的干部群众积极探索,并逐步突破了传统城市资本偏向的旧体制的束缚。小岗村农民在承包合同中指出:"如果上级追查,队干部坐牢,全村各户保证把他们的孩子养到18岁。"这种贫困农村基层的自发探索,不仅解决了村里人的吃饭问题,也被中央主管经济工作的领导人用作国家经济政策上财政"甩包袱"的注脚。这种应对危机的调整政策被中央做了"改革"的定位后,媒体称安徽农民改变了整个国家和民族的命运。

此后的30多年时间里,安徽广大干部群众又积极探索,为农业和农村发展做出了巨大贡献。其中,辛秋水教授立足于田野试验,在文化扶贫和村民自治领域做出重大探索。何开荫教授和张德元教授多次向党中央国务院建言献策,以刘兴杰为代表的基层干部勇于实践,积极推动农村税费改革,国家最终推出了废除农业税的政策。这些,无不凸显了安徽之于中国农业与农村发展的重要作用。

自1997年东亚金融风暴造成1998年中国因外需大幅度下降而暴露出生产过剩的问题以来,国内经济波动越来越多地受到全球化的影响。对此,中国政府在维护国家经济主权之际,大规模扩张国家信用,实施投资于三大差别——区域差别、城乡差别和贫富差别的再平衡战略。在城乡差别再平衡战略上,从2006年贯彻"新农村建设"战略起,中国已进入工业反哺农业、城市支持农村的发展阶段。然而,我们也注意到由于各地政府公司化取向未能及时被认识和纠正,招商引资成为"过剩资本"占有乡村资源、实现资本化获取收益的主要手段,致使劳动力、土地、资金这三大生产要素大量流出农村,"三农"问题由此变得更加复杂。原本新农村建设中县域经济战略的主要内容——"城镇化+中小企业",也受制于资本过度集中于大城市,从而形成严重滞后于沿海和超级城市工业化的巨大结构性扭曲……这些偏差至今尚未得到根本性矫正,又增加了农业生态环境形势日趋严峻的新问题。单纯重视 GDP 的发展观在力推农民工大规模外出的同时,也造成众多留守老人、留守妇女和留守儿童。在形成了世界最大规模弱势群体的同时,中国人口老龄化的挑战已经悄然而至!

对于这些问题的研究和解决,离不开政府相关政策的出台,更离不开包括学者在内的社会各界的共同努力。我们有理由相信曾经做出过巨大贡献的安徽广大干部群众还将会做出新的探索和努力,安徽"三农"学界还将会做出历史性的新贡献!

谨在此系列丛书出版之际,向为中国农村发展做出重大贡献的安徽广大农村干部群众致以崇高的敬意。

温铁军
2016 年元宵之夜

目 录

总序 ……………………………………………………………………（ⅰ）

第一章　中国"三农"问题现状与成因 ………………………………（ 1 ）
　第一节　"三农"问题的现实表现 …………………………………（ 1 ）
　第二节　"三农"问题的成因 ………………………………………（ 6 ）
　第三节　研究问题与整体框架 ………………………………………（15）

第二章　工农业关系重塑与传统农业现代化 ………………………（17）
　第一节　工农业不平衡增长与和谐性发展 …………………………（17）
　第二节　工农业关系重塑的基本路径及其比较 ……………………（25）
　第三节　工农业关系重塑路径的现实选择 …………………………（36）

第三章　统筹城乡发展与新农村建设 ………………………………（43）
　第一节　统筹城乡发展的三个层面 …………………………………（43）
　第二节　新农村建设的空间定位 ……………………………………（46）
　第三节　美丽乡村建设中的村庄规划 ………………………………（56）

第四章　农村人力资本反哺与新型农民培育 ………………………（61）
　第一节　教育和健康投资与新型农民培育 …………………………（61）
　第二节　教育和卫生是工业反哺农业的优先选项 …………………（63）
　第三节　反哺农村教育、卫生的政策取向 …………………………（66）
　第四节　克服农村教育的"离农"倾向 ……………………………（71）

第五章　产城融合发展与农民工市民化 ……………………………（76）
　第一节　农业剩余劳动力的出路何在 ………………………………（76）
　第二节　基于农民工异质的刘易斯模型改造 ………………………（78）
　第三节　产城融合促农民工市民化 …………………………………（85）

第六章　承接产业转移与"三农"问题化解 ………………………（88）
　第一节　中西部地区受"三农"问题拖累 …………………………（88）
　第二节　中西部地区破解"三农"问题的有效路径：承接产业转移 …（90）
　第三节　中西部地区承接产业转移的政策取向 ……………………（92）

第七章　农业税终结与"三农"问题 (95)
第一节　农业税终结后"三农"问题复杂化的内生原因 (95)
第二节　后农税时代解决"三农"问题的外生障碍 (98)
第三节　后农税时代解决"三农"问题的路径 (100)

第八章　宏观调控与"三农"问题 (104)
第一节　宏观调控对"三农"问题的影响 (104)
第二节　宏观调控背景下的"三农"政策创新 (109)
第三节　抓住宏观调控机遇，力促"三农"问题缓解 (116)

第九章　涉农体制改革与"三农"问题 (120)
第一节　以深化农村综合改革推进城乡一体化 (120)
第二节　"市管县"体制的悖论与出路 (123)

第十章　"三农"问题研究展望 (131)
第一节　"三农"问题研究应有新的理论生长点 (131)
第二节　"三农"问题研究不应将农业问题边缘化 (141)

参考文献 (153)

后记 (159)

第一章 中国"三农"问题现状与成因

党的十八大报告提出了"两个一百年"奋斗目标,十八届五中全会强调到2020年全面建成小康社会是"两个一百年"奋斗目标的第一个百年奋斗目标。全面建成小康社会的任务十分繁重,其中,解决好"三农"问题是实现这一宏伟目标的重点和难点。经过近40年的改革发展,我国农村地区已经初步具备了建成小康社会的基础,但相对于城市而言,农村小康建设的原有起点较低,面临的困难较多。全面建成小康社会必须抓住"三农"这个重点、难点,补齐农村这块短板。

第一节 "三农"问题的现实表现

"三农"问题即农业、农村、农民问题,实质是现代化进程中相对于工业、城市、市民,农业、农村、农民的发展相对滞后。经验资料表明,发展中国家在现代化进程中大多不同程度地存在城乡、工农发展不平衡问题。中国作为一个转型期发展中大国,更是长期遭受"三农"问题的困扰。在现阶段,"三农"问题主要表现为"三低",即农民收入水平低、农业产业素质低、农村公共品供给水平低。

一、农民收入水平低

"三农"问题能否得到较好的解决,最终反映在农民利益问题上,衡量的标准就是农民的收入和农民的社会福利。改革开放伊始,由于农村的改革先行一步,在农民收入水平不断提高的同时,城乡居民之间的收入差距有所缩小。到20世纪80年代中期,城乡居民人均收入差距指数(城镇居民人均可支配收入除以农村居民人均纯收入)曾一度缩小到1.86∶1。但1984年以后,农产品供求格局发生变化,农民收入增长速度放慢,而城市开始了经济体制改革,城镇居民的收入增长较快,城乡居民收入差距便开始拉大。到2002年,城乡居民人均收入差距指数达到3.11∶1,第一次突破3∶1的警戒线。2004年以后,中央一系列重农惠农政策的出台,也没能让人们在短期内看到城乡居民收入差距缩小的迹象。2007年,城乡居民人均收入差距指数更是一度扩大到改革开放以来的最高水平3.33∶1。

2010年以来,随着农民增收支持政策不断强化,"三农"投入稳步增加,农村居民人均纯收入增速快于城镇居民人均可支配收入增速,使得城乡居民人均收入差距指数逐年下降。但必须看到,现阶段农民收入增长仍处在低水平、低基数之上,城乡居民收入绝对差距仍在持续扩大(见表1.1)。此外,如果考虑到城镇居民在住房、社会保障、公共卫生和教育等方面享有的国家补贴等福利因素,我国城乡居民实际收入差距就更大。

表1.1 改革开放以来城乡居民收入水平

年份	城镇居民家庭人均可支配收入(元)	农村居民家庭人均纯收入(元)	城乡收入绝对差额(元)	城乡居民人均收入差距指数
1978	343	134	209	2.57∶1
1985	739	398	341	1.86∶1
1990	1510	686	824	2.20∶1
1994	3496	1221	2275	2.86∶1
1997	5160	2090	3070	2.47∶1
2002	7703	2476	5227	3.11∶1
2007	13786	4140	9646	3.33∶1
2008	15781	4761	11020	3.31∶1
2009	17175	5153	12022	3.33∶1
2010	19109	5919	13190	3.23∶1
2011	21810	6977	14833	3.13∶1
2012	24565	7917	16648	3.10∶1
2013	26955	8896	18059	3.03∶1
2014	29381	9892	19489	2.97∶1
2015	31790	10772	21018	2.95∶1
2016	33616	12363	21253	2.72∶1

数据来源:根据历年《中国统计年鉴》数据整理计算。

二、农业产业素质低

农业作为国民经济中的基础产业,产业素质的高低取决于其规模化、工业化、市场化、产业化水平的高低。当前我国农业的整体产业素质仍然偏低,传统农业的特征还不同程度地存在,农业现代化改造依然任重道远。这主要表现在以下几个方面:①

(一)农业产业体系不健全,产加销发展不够协调

农村第一、第二、第三产业互联互通性差,融合程度还比较低。农业生产面临的土地、水等资源约束加剧,劳动力成本持续提高,生态环境压力不断加大,食品安全和消费者信心问题日益突出。农业市场化发育程度还处于初级阶段,农业的产前、产中和产后诸环节被人为地分割在城乡工农之间不同的领域、地域,导致农业成本高、效益低。

(二)农产品加工业转型升级滞后,辐射带动能力不足

中国农业创造的增加值逾1万亿美元,可谓农业生产规模巨大,生产种类繁多,在世界上首屈一指。但与农业生产规模不协调、不匹配的是,2015年中国农产品加工业产值与农业总产值比仅为2.2∶1,远低于发达国家的3∶1~4∶1。技术装备水平不高,落后发达国家15~20年。中国主要农产品加工转化率为65%,而发达国家一般在80%以上。尤其是农产品精深加工及综合利用不足,一般性、资源性的传统产品多,高技术、高附加值的产品少。加工专用品种选育和原料生产滞后,农产品产地普遍缺少储藏、保鲜等加工设施,产后损耗大、品质难保障。融资难、融资贵、生产和流通成本高等外部环境制约依然突出。

(三)农业产业化经营组织不成熟,利益联结机制不完善

受风险防范和法律制度等方面的制约,企业与农户紧密的利益联结机制尚未真正形成,当前主要还是以松散型利益联结方式居多,合作、股份合作等紧密型利益联结方式数量少。农户获得利润返还的数量还不多,难以真正分享农产

---

① 农业部《全国农产品加工业与农村一二三产业融合发展规划(2016—2020年)》。

品加工、流通领域的收益。

(四) 国内产业融合不够充分,国际竞争压力加大

中美、中欧农业投资协定正在加快谈判,国内企业发展粗放、产业链条短、融合度低,销售渠道和品牌效应在与外资竞争时面临更大的压力。国内大宗农产品普遍缺乏国际竞争力,同类产品的国内外价格差不断扩大,进口压力不断加大,产品市场受到挤压。

三、农村公共品供给水平低

农村公共品是指存在于农村区域、服务于农业生产和农民生活需要的公共物品,包括农村基础设施与农村公共服务两大类。当前,我国农村公共品供给主要存在供给总量不足、供求结构失衡、供给效率低下等问题。

(一) 农村基础设施建设落后

与城镇相比,我国农村在道路交通、供水供气、生活污水和垃圾处理、网络通信等基础设施方面均存在不小的差距。当前我国的城市交通系统已经十分便捷,截至2015年年底,全国城市公共汽电车运营车辆共计56.2万辆,全国有24个城市已经建成轨道交通;而农村交通系统还比较落后,尤其是全国还有24个省(市、自治区)农村客运没有实现建制村全覆盖。在道路建设方面,我国城镇基本属于硬化道路,而全国仍有400多个乡镇、3.9万个建制村不通硬化路。[①]

截至2015年年底,我国城市集中供水的比例达98.07%,燃气普及率达95.30%,污水处理率达91.90%,生活垃圾无害化处理率达94.10%,而行政村集中供水的比例仅为65.6%,燃气普及率仅为21.35%,对生活污水、生活垃圾进行处理的行政村仅分别为11.4%、62.2%。农村互联网普及率为31.6%,与城镇互联网普及率65.8%相比仍有较大差距,相差34.2个百分点。[②] 由此可见,当前我国农村基础设施依然相对比较落后,这必然会对农村居民的生产、生活产生影响。

---

① 数据来源:根据2015年《中国城乡建设统计年鉴》和《2015年城乡建设统计公报》数据整理而得。
② 数据来源:中国互联网络信息中心《2015年中国农村互联网发展状况调查报告》。

(二) 农村公共服务发展滞后

与城镇相比,我国农村在公共教育、医疗卫生等公共服务方面均存在较大的差距。长期以来,我国的公共教育投入存在非常明显的重城轻乡倾向。2015年,全国农村普通小学、初中生人均教育事业费分别为8576.75元、11348.79元,均分别低于全国平均水平的8838.44元、12105.08元;全国农村普通小学、初中生人均公用经费分别为2245.30元、3093.82元,均分别低于全国平均水平的2434.26元、3361.11元。① 农村公共教育投入不足,使得农村基础教育发展严重滞后于城市。多年来,我国农村居民的平均受教育年限大约比城镇居民短3年,这是导致农村人力资本增长缓慢的主要原因。根据中央财经大学中国人力资本与劳动经济研究中心的研究,2014年中国人均人力资本按当年价值计算为132.7万元,其中城镇为193.01万元,而农村仅为56.19万元;城镇人均人力资本年均增长率为5.67%,而农村仅为4.54%。②

改革开放以来,我国医疗卫生事业取得了显著的成就,但城乡基本医疗卫生资源配置不均问题十分突出。在医疗卫生服务供给的数量、质量以及可获得性等方面,农村的医疗卫生设施与城市相比都存在明显的差距。2015年,全国城市每千人医疗卫生机构床位数、卫生技术人员数、执业(助理)医师数、注册护士数分别为8.27张、10.20人、3.70人、4.60人,而农村分别为3.71张、3.90人、1.60人、1.40人。③ 由此可见,全国城市人均享有的卫生医疗资源比农村高出一倍以上。另据国家卫生和计划生育委员会公布的数据,2015年我国居民人均预期寿命达到76.34岁,据此推算,城镇居民人均预期寿命应已达到80岁,而农村居民人均预期寿命明显低于城镇,仅为74岁。2015年,我国5岁以下儿童死亡率为10.7‰,其中:城市5.8‰,农村12.9‰;婴儿死亡率为8.1‰,其中:城市4.7‰,农村9.6‰。④

---

① 数据来源:教育部、国家统计局、财政部《2015年全国教育经费执行情况统计公告》。
② 数据来源:中央财经大学中国人力资本与劳动经济研究中心《中国人力资本报告2016》。
③ 数据来源:国家统计局《中国统计年鉴2016》。
④ 数据来源:国家卫生和计划生育委员会《2015年我国卫生和计划生育事业发展统计公报》。

第二节 "三农"问题的成因

一般认为,"三农"问题是20世纪90年代中后期才出现的新问题,但其实它可以追溯得更远。1997年以来,农业和农村内外部环境发生的深刻变化,如家庭联产承包经营的制度创新收益递减,农产品价格持续低迷,非农产业就业空间相对缩小,农民负担居高不下,只是使本已存在的"三农"问题凸显了出来。实际上,"三农"问题由来已久,它的产生有着深刻的历史根源。我们认为,长期以来服务于城市偏向、工业偏向发展战略的"工占农利"政策和"城乡分割"体制,前者导致对农民"取之过多、予之过少",构成"三农"问题的政策根源;后者导致对农民"管之过死",构成"三农"问题的体制根源。传统发展观是支配城市偏向、工业偏向发展战略的指导思想,因而构成"三农"问题的最深刻的思想根源。

一、"三农"问题的政策根源:工占农利

工占农利是著名农村问题专家程漱兰教授在其《中国农村发展:理论和实践》一书中提出来的核心概念,意指传统农业国演进到现代工业国所必需的资本原始积累,其经济内涵是新兴现代工业对传统农业剩余资金的强制剥夺。[①]中华人民共和国成立初期,我国为快速推进工业化而实行的工占农利政策及其固化,对农业、农村、农民发展产生了持久的阻滞作用。

(一)工占农利政策的形成及固化

中华人民共和国成立初期,由于经济发展的起点很低,加之以美国为代表的西方国家实行了一系列在政治上孤立、经济上封锁中国的措施,我国缺乏良好的外部经济联系,并且要随时作好迎接战争的准备,受当时这一国际环境和历史条件的制约,我国选择了优先发展重工业的工业化道路。[②] 重工业资本高度密集的特点,使得优先发展重工业的工业化道路与我国劳动力资源丰富、资

---

① 程漱兰.中国农村发展:理论和实践[M].北京:中国人民大学出版社,1999.
② 林毅夫.中国的奇迹:发展战略与经济改革[M].上海:上海三联书店,上海人民出版社,1994.

本稀缺的资源禀赋特点相矛盾。为了保证优先发展重工业，必须绕开市场机制，依靠政府从农业部门汲取资金。具体地说，政府一方面通过征收农业税直接参与农民收入的分配，另一方面又以指令性计划形式规定较低的农产品收购价格和较高的工业品供应价格，通过工农业产品价格"剪刀差"间接参与农民收入的分配。大量的农业剩余资金就是通过这两种方式，尤其是后者被源源不断吸纳到工业部门。

在工业化初期，对农业进行剥夺，从而将大量的农业剩余资金转化为发展工业的原始积累，这是发展中国家工业化普遍所走过的道路。从这个意义上说，我国在新中国成立初期为快速推进工业化而在国民收入分配上实行的工占农利政策有其历史必然性。问题在于，农业向工业提供剩余资金必须适度适时，不能超过农业提供剩余资金的能力，更不能将这一做法变成长期的政策选择。而我国在改革开放后，随着国家工业化开始步入中期阶段，即由以农养工转变为工农自养或平衡发展阶段，工业已经具备了自我积累的能力，但工占农利政策并未发生根本性的改变，改变的只是工占农利的具体形式。如果说在计划经济时代，农民在国家控制的产品市场上通过"剪刀差"为工业化贡献了数千亿元的资金，那么在改革开放时代，农民又在土地和劳动力等要素市场上向城市工业贡献了数万亿元的积累。如果说在计划经济时代，是廉价的农产品支撑了城市低成本工业化的快速推进，那么在改革开放时代，支撑低成本工业化快速推进的则是大量廉价的土地和劳动力。数千万亩的土地被城市工业部门强行廉价征用，上亿名农民工被城市工业部门廉价雇用，是改革开放后工占农利政策采取的新形式。

(二) 工占农利政策对"三农"问题的影响

通过从农业中汲取工业化所需的资本积累，以及重工业的自身循环所创造的社会需求，我国克服了发展中国家工业化初期的资本形成不足与有效需求不足两大难题，在较低的国民收入水平上实现了较高的工业化水平，建立起了独立完整的民族工业体系。但是长期实行的工占农利政策，使国家对农业"取之过多、予之过少"，结果是农业照亮了原本黯淡无光的工业前途，却燃烧了自己。工业化进程中的农业式微，不可避免地导致以农为生的农民的收入水平和生活水平难以提高。

据有关方面测算，改革开放前的1952~1978年，国家从农业获取了4874.2

亿元的剩余资金,占其财政收入的1/3。但是国家用于农业的却不足所取的1/3。1952~1978年,国家财政支农资金合计为1570.19亿元,同期财政支出为14214.1亿元,支农资金仅占财政支出的11%,占农业对财政贡献的32.2%。[①] 农业始终处于资金净流出状态,必然导致农业积累能力不足,从而制约农业的发展,使农业在传统体制下因受工业挤压而趋于式微。在1952~1978年的26年时间里,工业年平均增长速度为11.5%,而农业年平均增长速度仅为2.06%,工农业平均增速比为5.58:1。农业2.06%的增长率仅略高于同期2.0%的人口自然增长率,直接后果是26年间城乡居民人均食品实际消费几乎没有增加,城乡居民始终达不到温饱。[②] 1952~1978年的26年中,农民人均纯收入只增加77元,平均每年仅增长2.9元,平均增长率仅为3.3%。[③]

改革开放以后,农民从农村制度创新中得到不少实惠,但由于政策的重心仍然是工业和城市,在国民经济运行操作层面上,宏观调控并未能阻止和扭转农业、农村资金的继续外流。这一时期工占农利以新的形式更为突出地体现出来:

(1) 农村财政资金多收少支。20世纪90年代不断扩大的工农业产品价格剪刀差使农民承受着每年超过1000亿元的"暗税",再加上明的各种农业税,平均每年逾400亿元。直到2006年全面取消农业税,农民负担才得到根本的减轻。国家财政用于"三农"支出的比重一直很低,如1999年为8.2%,15年后的2014年仅增加到9.23%。

(2) 农村金融多存少贷。农民贷款的频率高、数额小、抵押或担保少,单笔业务成本高,这些都导致了农村地区存贷比远低于城市地区。抽样调查显示,农村地区获得贷款的人口比重比城市低1.36个百分点。截至2014年初,全国县域存贷比仅为44.7%,远低于城市地区的82.8%。同时,县域贷款余额占县域GDP的比重为58%,而城市地区则为208.8%,这表明县域信贷资金投入产出比例低。[④]

(3) 农村土地多征少补。随着国有土地使用制度改革的深入,城镇非农建设用地已从行政划拨全面转向市场化的出让,土地出让价格大幅飙升,但向农

---

① 冒天启,朱玲. 转型期中国经济关系研究[M]. 武汉:湖北人民出版社,1997.
② 林善浪,张国. 中国农业发展问题报告[M]. 北京:中国发展出版社,2003.
③ 张遂,马慧琴. 中国三农问题研究[M]. 北京:中国财政经济出版社,2003.
④ 尹振涛,舒凯彤. 我国普惠金融发展的模式、问题与对策[J]. 经济纵横,2016(1):103-107.

民集体征用土地的补偿办法和标准仍停留在行政划拨年代,土地出让的价格远远高于给予农民的补偿数额。这是改革开放以来出现的"以乡养城"的一种新形式,是政府筹集城镇建设资金的主要途径,也是当前农民利益流失最重要的一条渠道。在工业化和城镇化的过程中,国家城市偏向的土地征用制度至少造成我国农村逾 2000 万名农民失去土地,通过征地剪刀差,至少使农民蒙受了 2 万亿元的损失。①

以上三方面交织叠加在一起,使农村长期处于"失血"状态,并因此基本失去了自我发展能力。

二、"三农"问题的体制根源:城乡分割

"城乡分割"是指我国从 20 世纪 50 年代后期开始,为了集中力量进行国家工业化建设,实行的以户籍制度为核心内容的一系列偏向城市的城乡二元体制。著名"三农"问题专家陆学艺先生称之为"城乡分治、一国两策"。② 改革开放前,由于工业大多集中于城市,因此体制安排上的城市偏向是工业优先政策取向的必然结果。改革开放以后,城乡分割的二元体制逐渐演变成一种权益结构,维护着城市阶层的既得权益,农民阶层则长期受这一体制的束缚而成为最大的利益受损群体。

(一) 城乡分割体制的形成及演变

除了极少数城市国家和地区外,城市居民和农村居民的划分在世界各国或地区都是普遍存在的。由于城乡间人口可以自由流动,没有任何制度的障碍,所以城市居民和农村居民只是表明居住地和职业的不同,并不附带有什么经济利益和社会地位的差别。我国直到 20 世纪 50 年代上半期,情况大体也是如此。但是,为保证从农业中获取稳定的工业化资金,降低重工业发展的成本,减轻工业化过程中由于劳动力转移而形成的城市就业压力,从 20 世纪 50 年代后期开始,问题就发生了根本的变化。1958 年 1 月,全国人大常委会第 91 次会议讨论通过《中华人民共和国户口登记条例》。该条例规定:"公民由农村迁往城市,必须持有城市劳动部门的录用证明、学校的录取证明,或者城市户口登记

---

① 陈锡文.资源配置与中国农村发展[J].中国农村经济,2004(1):4-9.
② 陆学艺.走出"城乡分治,一国两策"的困境[J].特区展望,2000(3)13-16.

机关的准予迁入的证明,向常住地户口管理机关申请办理迁出手续。"这一规定标志着我国以严格限制农村人口向城市流动为核心的户籍制度的形成,城乡分割由此开始。并且,严格的户籍制度与城市偏向的粮油供应制度、劳动就业制度、社会福利制度、教育制度等相结合,形成严密的城乡分割体制。

20 世纪 70 年代末开始的经济体制改革,是分别在农村内部和城市内部进行的,城乡分割体制基本上没有被触动。尽管 20 世纪 80 年代以后城乡分割的户籍管理体制有所松动,粮油供应制度被取消,农村大量劳动力流入城市打工,但这是一种体制外的、暂时的流动,不改变户籍,农民不享受城市福利,也不被纳入城市就业管理,甚至一些城市还出台了一些排斥、歧视"农民工"就业的政策。所以,尽管"城乡分治,一国两策"是在新中国成立初期实行集权的计划经济条件下形成的,但在改革开放后,随着计划经济向市场经济的转轨,这一体制并未随之弱化,至多只是有了些微的松动。在经济上,农业人口和城市人口在税赋、所有制、就业等方面所享有的国民待遇仍然有显著差别;在政治上,如选举全国人大代表时,城市人口是 24 万人选举产生一个代表,而农村人口却是 96 万人产生一个代表(直到 2012 年才首次实行城乡按相同人口比例选举全国人大代表);在社会上,农村人口在教育、医疗、社会保障等方面与城市人口所享有的国民待遇也仍有天壤之别。[①]

(二) 城乡分割体制对"三农"的影响

通过严格限制农民进城,降低了重工业发展的成本,减轻了城市就业压力,由此,城乡分割体制为城市工业化的快速推进提供了强有力的制度保障。但是,从 20 世纪 50 年代后期一直延续至今的城乡分割体制,由于对农民"管之过死",农民日渐成为边缘群体,不能充分参与发展的过程,当然也就很难平等分享发展的成果。

城乡分割体制对"三农"的不利影响主要表现在以下两个方面:

首先,阻碍了社会流动,使城市化严重滞后于工业化,农业剩余劳动力转移受阻,农民就业不足。重工业的资本密集性特点本来就不利于对劳动力的吸纳,加上城乡分割体制对城乡间劳动力流动的限制,造成改革开放前的 30 年中,我国城市产业的发展不仅不能大量吸纳农村剩余劳动力,而且连城市本身

---

① 陆学艺.中国"三农"问题的由来和发展[J].当代中国史研究,2004(3):4-15.

新增的劳动力也难以完全消化,结果不得不在20世纪50年代、60年代和70年代,多次把城市人口大规模地向农村"下放",形成所谓的"反城市化"。① 在这30年期间城市化进程缓慢,1962～1978年基本处于停滞状态,大量剩余劳动力被束缚在有限的土地上,农业隐蔽性失业严重。改革开放后,被城乡分割体制"逼"出来的农村工业化的发展②,对促进农业剩余劳动力转移,加速二元结构转换做出了历史性贡献。20世纪80年代以来,乡镇企业累计吸纳了1亿多的农村剩余劳动力。但是,这是没有城市化的工业化。农村工业带动的剩余劳动力转移,并没有带来城市的相应发展,城市化严重滞后于工业化进程。2015年我国工业增加值占GDP的比重为40.9%,大大超过一般国家工业化中期的水平,而城市化指标仅相当于工业化中期的底线,为56.1%。2015年我国的城市化率与工业化率比值只有137.2%,仍然低于140%～250%的合理区间。城市化滞后,使大量的农村剩余劳动力滞留在农村,处于失业或半失业状态。就业是民生之本,是人们获取收入的最主要途径,农民就业不足严重制约了其收入的增长。

其次,城乡分割体制与工占农利政策的综合作用,造成城乡资源配置的严重失衡。如上所述,工占农利政策不断从农业部门抽取资金,而城乡分割体制又使农村剩余劳动力沉积在农业内部。这两方面结合起来,导致城乡间资源配置出现了严重失衡。一个最明显的事实是,2015年中国农业所创造的增加值在国民经济中的比重已降到8.9%,但是,在农业部门中就业的劳动力占到了全社会从业人员的28.3%。以全社会28.3%的劳动力仅创造8.9%的GDP,说明这样的资源配置是很不合理的,因此,中国农业的效率是低下的,从事农业的劳动者的收入注定是难以较快增长的。如果把资源这一概念从经济资源扩大到非经济资源,那么城乡分割所造成的资源配置失衡会更严重。目前,绝大部分教育、文化、科技、卫生资源被配置在城市,农村人均占有的公共资源太少,这是导致农民整体素质较低的主要原因。农民素质低,使其难以适应现代科技迅猛发展和日益激烈的市场竞争的需要,从而构成农业增效、农民增收的重要障碍。

---

① 陆益龙.户籍制度:控制与社会差别[M].北京:商务印书馆,2003.
② 费孝通.从实求知录[M].北京:北京大学出版社,1998.

三、"三农"问题的思想根源:传统发展观

从前面的分析中我们知道,工占农利政策和城乡分割体制对"三农"发展产生了持久的阻滞作用,并且这种政策和体制安排是服务于城市偏向、工业偏向发展战略的。那么,又是什么原因使不合理的城市偏向、工业偏向发展战略得以形成和维持的呢?经过深入分析,我们认为,发展战略选择的城市偏向、工业偏向直接受到传统发展观的支配。

(一) 传统发展观的形成及缺陷

自工业革命以来,发展就一直是人类社会的主题。早期人们对发展的理解是走向工业化社会或技术社会的过程,也就是强调经济增长的过程。这一时期从工业革命一直延续到20世纪50年代前。这种以经济增长为核心的传统发展观,尽管当时还停留于观念形态,但它长期支配着近现代人类社会,尤其体现于整个西方世界的资本主义工业化运动之中。20世纪50年代发展理论产生以后,把发展等同于经济增长的传统发展观,从观念形态被进一步提升到理论形态,成为发展理论中出现最早的发展观。

"发展就是增长"的思想在发展理论中盛行了10年之久,遵循这条发展路线的大多数发展中国家和地区都在经济建设中取得了一定的成效,如民族工业体系初步建成,国民经济的独立性有所增强,人民生活方式和水平有一定程度的改善。但是,由于传统发展观关注的主要发展目标仅是国民收入的增长,因而为了经济增长就可以牺牲其他一切有价值的目标,这就决定了传统发展观必然存在诸多缺陷,并且这些缺陷是内生的、不可克服的。传统发展观的主要缺陷有以下几个方面。

第一,片面以发展的"客体"(物)为中心,而不是以社会的"主体"(人)为中心。传统发展观着重于国民收入的增长,视增长本身为目的,而人的发展要么被彻底遗忘了,要么想当然地认为有了经济增长,就能自动地推动人的发展。所以,一切以物为中心,"见物不见人",是传统发展观的一个根本缺陷。

第二,单纯以追求经济增长为目标,而不是以社会的全面发展为目标。在传统发展观看来,发展仅仅是一种经济现象,是一种"量"的增长过程,这样便割断了发展与结构优化、政治民主、文化变迁、科技进步、自然协调、生态平衡的内在联系,从而社会发展的这些方面也就被严重地忽视了。

第三,认为发展是没有极限的,忽视了资源和环境的承载能力。传统发展观对资源和环境问题的忽视,一方面,是因为在发展的早期阶段,资源和环境问题不是那么突出,对资源和环境问题造成的危害认识不足;另一方面,是由于对资源、环境与发展的关系存在着一种片面的看法,即认为,经济增长与资源环境保护是相互矛盾的,或者说,资源、环境恶化是经济增长必须付出的代价,否则,经济就难以增长。[1]

(二) 传统发展观与城市偏向、工业偏向发展战略的形成和维持

基于传统发展观,发展中国家的首要任务是加速经济增长,而促进经济增长的关键在于资本积累和工业化,因此,许多发展中国家施行了重工轻农、重城轻乡的政策。在20世纪50年代,工业化就是一切,农业发展几乎被完全忽视了。在20世纪60年代,尽管农业的重要性逐渐为人们所认识,但这种认识还是局限在为工业化提供剩余这一范围之内。正如著名发展经济学家迈耶所说,这个阶段"仍然被城市偏向所笼罩着,因为资源配置给农业部门主要不是为了提供经济福利,而是由于它使用这些资源来支持城市工业增长。农村部门的发展得到拥护,但不是为了在那里生活和工作的人民"。[2] 在这种城市偏向、工业偏向发展战略支配下,发展中国家把大量的资金投入工业,特别是制造业部门,对农业部门则不重视。其结果是,工业产值每年以10%以上的速度增长,而农业产值的增长速度长期在1%以下,处于停滞不前的状态。20世纪60年代的情况更趋恶化,人均粮食产量年均增长率仅为0.1%,而人均农业产值的增长则完全止步不前。[3] 由于农业停滞,工业因受其制约也不能健康发展,社会经济中失业、贫困、分配不公状况不但未减轻,反而加重,生活在农村的广大农民自然处于社会的最底层。直到20世纪70年代,农业进步、农村发展、农民福利才开始得到发展中国家应有的重视。

中华人民共和国成立后的很长一段时期,我国与西方学术界几乎处于隔绝状态,西方发展理论对我国的直接影响甚微。但是,作为世界上最大的发展中国家,我国未能规避传统发展观的制约,同样遵循了一条传统的发展思路,尽管这种遵循是不自觉的。

---

[1] 郭熙保. 论发展观的演变[J]. 学术月刊,2001(9):47-52.
[2] 迈耶. 发展经济学的先驱理论[M]. 谭崇台,译. 昆明:云南人民出版社,1995.
[3] 谭崇台. 发展经济学的新发展[M]. 武汉:武汉大学出版社,1999.

前已述及，在中华人民共和国成立初期特殊的国际环境和历史条件下，城市偏向、工业偏向发展战略是一种迫不得已的选择。其实，这种战略选择也是对传统发展观的不自觉遵循。问题是，改革开放后，在国际环境已大为宽松、现实条件已能允许对原有发展战略进行调整的情况下，城市偏向、工业偏向发展战略仍然延续了下来，甚至在某些方面还有所强化。究其原因，我们认为，一方面是由于城市偏向、工业偏向发展战略在政策和体制层面已演变且固化为一种权益结构，维护着城市阶层的既得权益，制度变迁的路径依赖性质决定了改变它绝非易事。战略调整所引发的政策变迁和体制改革，在一定程度上是利益的再分配过程，虽然这种调整从长远来讲旨在谋取大多数人的利益增加，但调整总意味着一部分人权益的丧失，权益的丧失会引起这部分人对战略调整的抗拒和反对。

另一方面，也许更为重要的是，我们始终未能摆脱传统发展观的制约。传统发展观在很大程度上仍然左右着我国发展战略的选择。发展战略的调整，不仅仅是政策的变迁、体制的改革，它也是一场意识形态、思想观念上的巨大变革。思想观念的陈旧往往表现在排斥对新事物、新见解、新主张的接受。传统发展观就是这样一种陈旧的思想观念，它是改革开放后我国城市偏向、工业偏向发展战略得以维持的思想根源。

改革开放以后，我国走上了以经济建设为中心的发展之路，取得了举世瞩目的成就。事实证明这一框架基本上是可取的。今后仍然必须坚持以经济建设为中心。但是，反思这一时期的历史，也可以发现我们还在很大程度上受到传统发展观的束缚，加上急功近利的"政绩"思想作怪，确实严重地存在着"见物不见人"、重经济增长轻社会发展和环境保护的情况。反映到发展战略的选择上，城市偏向、工业偏向仍很明显，目的是实现经济的快速增长。相应地，政策和体制安排上的"工占农利"和"城乡分割"仍在延续。这在上文中已经论及，此处不再赘述。具体到农业、农村工作中，其目标仅在于为工业、城市提供充裕的价廉物美的农产品，而作为农村社会主体的农民的经济利益和民主权利则备受冷落。相对于农村经济发展，农村教育、科技、文化、卫生等各项社会事业的发展更加滞后。此外，农村自然资源与环境的保护也远未得到足够的重视。由于农业、农村、农民被边缘化，"三农"发展滞后的局面就不可能有根本改观。

第三节 研究问题与整体框架

以上对"三农"问题成因的分析表明,尽管中国"三农"问题的产生有其历史必然性,但"三农"问题久治不愈、久拖不决的根源并不在"三农"本身,而是在"三农"之外,即进入工业化中后期,工农关系、城乡关系、市民与农民关系调整上的严重滞后。因此,研究"三农"问题,不能就"三农"论"三农",而要跳出"三农"看"三农"。从"三农"之外去寻求"三农"问题的解决之道,这正是本书的旨趣所在。

围绕上述研究旨趣,本书在一个有机的逻辑架构下系统地研究"三农"之外影响"三农"发展的各种战略选择、政策供给和制度安排:工农业关系重塑、统筹城乡发展、农村人力资本投资、产城融合发展、区际产业转移、农业税终结、宏观经济调控、涉农体制改革等。这些战略选择、政策供给和制度安排对于"三农"问题的某个方面,或者"三农"问题的整体解决都会产生重要而深远的影响。本书将基于大量的调研数据和宏观统计数据,实证分析这些战略选择、政策供给和制度安排影响"三农"问题的机制与路径,从而为从"三农"之外理解"三农"问题奠定坚实的理论基础。本书将按照图1.1所示的逻辑框架来组织内容和展开分析。

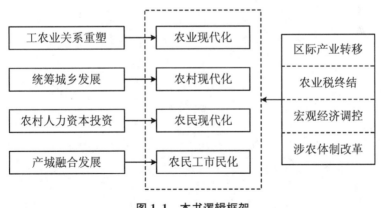

图 1.1 本书逻辑框架

本书的第一章,主要概述中国"三农"问题的现实表现,并分析其成因;第二章主要讨论工农业关系重塑的基本路径,以及如何通过工农业关系重塑路径的选择来促进农业现代化；第三章主要研究如何按照城乡统筹发展要求，推进新农村建设及其升级版——美丽乡村建设，以促进农村现代化；第四章侧重从农村公共教育与医疗卫生两方面，分析如何通过加强农村人力资本投资，以促进农民现代化；第五章主要介绍产城融合发展与农民工市民化；第六章主要探讨如何通过承接东部地区产业转移，加快中西部地区工业化、城市化进程，进而促进"三农"问题的有效破解；第七章主要分析免除农业税对"三农"问题的影响，以及后农税时代解决"三农"问题的路径；第八章主要讨论宏观调控与"三农"问题的关联，以及宏观调控背景下"三农"政策的创新；第九章主要研究如何通过深化涉农体制改革，为解决"三农"问题创造适宜的体制环境；第十章是对"三农"问题研究的展望。

"三农"不是一个孤立的系统，"三农"与"非农"有着极其复杂的关联。本书力求跳脱就"三农"论"三农"研究传统的窠臼，认为中国"三农"问题解决之道不在"三农"本身，而在"三农"之外。要从根本上解决"三农"问题，必须从外部打破束缚"三农"发展的各种体制障碍和制度藩篱，必须从外部营造良好环境来激活"三农"发展内生动力，必须从外部引入资源来支持"三农"发展。

第二章 工农业关系重塑与传统农业现代化

尽管工农业的不平衡增长具有必然性,但通过旨在工农业一体化的政策行动,仍然可以实现两者的和谐发展。随着我国经济发展步入工业化中后期,通过重塑工农业关系以促进传统农业现代化已经成为全社会的共识。工农业关系重塑的基本路径包括"以工促农""以工哺农"和"以工补农",它们前后相继,但各自在缘起、历史起点、目标和实现机制上是不同的。基于我国工业化所处的发展阶段和"三农"问题的现状,工农业关系重塑在路径选择上应把握好以下几个方面。

第一节 工农业不平衡增长与和谐性发展

世界银行在《2009 年世界发展报告:重塑世界经济地理》中传递了一个重要信息,即不平衡的经济增长与和谐性发展可以并行不悖、相辅相成,其实现机制则是经济的一体化。[①] 如果将世界银行关于区域经济层面上的这一观点转换至产业经济层面,工农业的不平衡增长与和谐性发展是否可以兼得呢? 如同经济增长不同于经济发展,"产业增长"与"产业发展"是两个不同的概念。前者偏重于产业规模扩大及其产出增加,而后者的内涵更丰富,是一个虽包含产出数量增加,却更偏重产业结构转变、产业素质提升的概念。本节在区分产业增长与产业发展的基础上,依据产业结构理论和产业关联理论,分析工农两大产

---

① 世界银行.2009 年世界发展报告:重塑世界经济地理[M].北京:清华大学出版社,2009.

业在增长和发展上的不同表现及其相互关系,认为尽管工农业的不平衡增长具有必然性,但通过旨在工农业一体化的政策行动,两者的和谐发展仍然可以实现。

一、农业小部门化与工农业不平衡增长

产业结构理论认为,伴随着工业化的推进,一国的产业结构会不断演进,且这种演进具有一定的规律性,即农业在前工业化时期的主导地位,逐步让位于工业化初期和中期的工业,进而又让位于工业化后期和后工业化阶段的服务业。在产业结构演进过程中,一个可以观察到的典型现象是,国民经济中各个产业的产值和劳动力比重呈现出明显不同的变化趋势。居于主导地位的产业,其产值和劳动力比重将上升,而丧失主导地位的产业,其产值和劳动力比重将下降。基于产业结构演进的一般规律,农业小部门化倾向不可避免,工农业增长必然呈现不平衡性。

(一)工业化进程中的农业小部门化倾向

在一国工业化的持续推进过程中,农业通常会出现小部门化的倾向。所谓农业的小部门化,是指在一个国家或地区的产业结构中,相对于工业和服务业部门,农业部门变得越来越小。从产出来看,农业小部门化主要表现为农业增长对整个经济系统增长的贡献,以及农业产出占整个经济系统总产出的份额,都呈不断下降的趋势。从投入来看,农业小部门化主要表现为农业获取资金的能力和农业吸纳劳动力就业的能力,均在不断弱化。当然,农业的小部门化是相对的,不是绝对的;农业小部门化是有限度的,不会演变为农业完全消失。

世界各主要工业化国家或地区的实践表明,工业化进程中农业小部门化具有普适性,它是国家或地区工业化的一个特征性事实。中国的工业化历程,同样展示了农业的小部门化倾向。由于农业与国民经济其他部门之间的增长差距不断扩大,农业对国内生产总值增长的贡献份额总体上是逐步下降的。农业对国内生产总值增长的贡献度1981年为40.5%,2015年则已下降为4.6%(见表2.1)。

表 2.1　农业对国内生产总值增长的贡献

年份	1981	1984	1989	1995	1999	2008	2015
贡献度	40.5%	25.6%	15.9%	8.7%	5.6%	5.2%	4.6%

数据来源:《中国统计年鉴2016》。

此外,虽然农业绝对产值在不断增长,但农业在GDP中所占份额一直在下降,农业产值的增速大大低于非农产业产值的增速。国家统计局公布的数据显示,1978~2015年,农业产出占国内生产总值的比例从27.7%下降到8.9%;1979~2015年,国内生产总值年均增长速度为9.7%,而农业年均增长速度仅为4.4%,明显低于第二产业的11.0%和第三产业的10.6%(见表2.2)。

表 2.2　三次产业占国内生产总值的比例及其增长速度比较

指标	总量指标(亿元)					结构指标(占国内生产总值的比例)					速度指标(年均增长率)
	1978年	1990年	2000年	2010年	2015年	1978年	1990年	2000年	2010年	2015年	1979~2015年
国内生产总值	3679	18873	100280	413030	685506						9.7%
第一产业	1019	5017	14714	39363	60871	27.7%	26.6%	14.7%	9.5%	8.9%	4.4%
第二产业	1755	7744	45665	191630	280560	47.7%	41.0%	45.5%	46.4%	40.9%	11.0%
第三产业	905	6111	39898	182038	344075	24.6%	32.4%	39.8%	44.1%	50.2%	10.6%

数据来源:《中国统计年鉴2016》。

从农业的资金获取能力来看,改革开放早期的1985年底,中国金融机构全部贷款余额为0.59万亿元,其中,对农业的贷款余额为0.04万亿元,占6.78%。此后,农业贷款余额占比总体呈下滑趋势,20世纪90年代中期更是一度下降到3.00%。尽管后来农业贷款余额占比有所回升,但到2015年底,又降低到3.74%的水平(见表2.3)。由此可见,金融机构对农业的贷款与农业产出占国内生产总值的比例极不对称。

表 2.3 农业获得贷款情况

年 份	1985	1990	1995	2000	2005	2010	2015
全部贷款余额(万亿元)	0.59	1.55	5.05	9.94	19.47	47.90	93.95
农业贷款余额(万亿元)	0.04	0.10	0.15	0.49	1.15	1.72	3.51
农业贷款余额占比	6.78%	6.45%	3.00%	4.93%	5.91%	3.59%	3.74%

数据来源:根据中华人民共和国统计局网站各年金融业数据计算所得。

农业小部门化还表现为吸纳劳动力就业的能力减弱,即农业劳动力份额的下降。随着工业化的推进,越来越少的劳动力从事农业生产活动,越来越多的劳动力从农业部门转移到了非农业部门。数据显示,1952年我国农业劳动力份额高达83.5%,改革开放初期的1980年为68.7%,而到了2015年,这一比例已下降为28.3%(见表2.4)。尽管由于一些制度或体制性因素阻碍了农业劳动力向非农业部门转移,但这一比例相对于同期的农业产值份额仍然显得偏高。

表 2.4 农业部门就业人数所占的比例

年份	1952	1962	1970	1980	1990	2000	2005	2010	2015
占比	83.5%	82.1%	80.8%	68.7%	60.1%	50.00%	44.8%	42.6%	28.3%

数据来源:中华人民共和国统计局网站各年就业数据。

(二) 工农业不平衡增长的必然性

农业小部门化表明,农业在增长速度上赶不上工业(还有服务业),或者说,工业相对农业具有更高的增长速度,以致在经济增长过程中必然出现工农业增长的不平衡。农业小部门化和工农业不平衡增长作为一种规律化经济现象,广泛存在于世界各国工业化进程中。那么,究竟是哪些因素促成了这一经济现象的出现? 概括起来,可以从需求、供给和专业化三方面来分析其原因。

在需求方面,食物是农业的主要产出,由于恩格尔定律的作用,随着经济发展和人们收入水平提高,收入中用于食物支出的比例下降,用于其他支出的比例上升。恩格尔定律若用需求收入弹性来说明,意味着农业提供的主要是食品等生活必需品,其需求收入弹性较小,而工业和服务业提供的主要是发展和享受资料,其需求收入弹性较大。当人们收入不断提高时,对食物等农产品的需求就会相对降低。需求引导并制约生产,因此,农业部门在产业结构中相对越越来越小,工业和服务业部门相对越来越大。

在供给方面,一则农业生产受到自然气候,尤其是土地数量的限制,很容易出现土地边际收益递减的现象。尽管技术进步能在一定程度上突破边际收益递减规律的束缚,但技术进步不可能是经常发生的。一旦技术进步的持续供给出现问题,即便没有来自需求的约束,农业产出的增长速度也会放慢。反观工业和服务业,由于较少受自然因素的影响,同时潜在的需求又很大,所以能够保持经常性的大幅增长。二则随着非农业部门扩张非常迅速,一方面为农业劳动力的转移提供了大量的就业机会;另一方面为农业生产提供日益增多的现代生产要素,从而大大提高了农业劳动生产率,使得社会所需要的农产品只需要越来越少的劳动力来生产,农业部门因而变得越来越小于非农业部门。[①]

在专业化方面,随着经济发展和生产与管理技术的进步,劳动分工愈来愈细化,专业化程度越来越高,原来由农业部门自己从事的生产活动和职能日益分离出来,变为独立的非农业部门,比如种子公司、饲料公司、化肥公司、农药厂、农用机械厂以及农产品加工、包装、仓储、运销企业等。结果,农业部门所包括的范围就大大缩小了,生产职能变得相对越来越少的农业部门成为了相对越来越小的部门。[②]

二、工农业互动及其和谐性发展

产业关联理论认为,在生产社会化条件下,产业与产业之间通过产品供需而形成互相关联、互为存在前提的内在联系。比如,某一产业的运转需要另一产业产品和服务的投入,同时,其自身又为另一产业提供产品和服务,这就形成了产业关联。在特定的产业关联状态下,一个产业的发展变化通过这种联系会引起另一个产业的变化,而后者反过来也会引起前者的变化,这一过程我们称为产业互动。基于产业关联与互动原理,要求缩小工农业发展的差距,实现工农业的和谐发展。

(一)经济发展中的工农业互动关系

就工农两大产业来讲,工业的运转需要农业产品和服务的投入,同时,其自

---

① 郭熙保.农业发展论[M].武汉:武汉大学出版社,1995.
② 郭熙保.农业发展论[M].武汉:武汉大学出版社,1995.

身又为农业提供产品和服务,如农业部门为工业部门提供各种原料,而工业部门又为农业部门提供农用机械、化肥、农药等。这样就形成了工农两大产业的关联。以工农业关联为基础,通过政府或市场的调节,工农两大产业互相作用、相互影响而产生彼此发生积极的改变,此即为工农业的良性互动。作为国民经济大系统中的两大子系统,工业和农业维系长期稳定的良性互动关系,不仅有利于各自的发展,也有利于国民经济的稳定协调发展。

一方面,经济发展中的工农业互动体现为农业对工业的支持与促进作用。世界各国工业化的实践已经证明,如果没有农业部门为工业化过程提供资本积累和其他准备,工业化就难以起步,产业革命就不可能成功。即使在工业化起步后,农业对工业化和现代化的深入发展也是须臾不可缺少的。在工业化和现代化进程中,农业作为国民经济中的一个产业,要以自身的贡献去支撑工业和整个国民经济发展。发展经济学认为,农业对工业和整个国民经济有4个方面的贡献,即产品贡献、要素贡献、市场贡献和外汇贡献。[①] 农业的产品贡献来源于农产品剩余,包括对工业的原料和粮食供应;农业的要素贡献来自其内部的要素释放,包括向工业转移劳动力和资本;农业的市场贡献体现为对工业产品的巨大需求,包括对生产品和消费品的需求;农业的外汇贡献源自输出农产品而形成的外汇储存,用以进口发展工业所需要的发达国家的先进技术装备。

随着一国工业化水平的提高,工业扩张使自身积累、购买和创汇能力不断增强,从而对农业部门的要素、市场和外汇的依赖程度趋于下降。相应地,农业在这三个方面的贡献也日渐减弱。但是,伴随工业扩张而形成的对农产品的巨大需求,因其具有不可替代性,从而农业的产品贡献对于非农产业依然具有重要意义。此时,农业对工业发展的贡献就集中体现为,满足农业和整个国民经济发展对农产品日益增长的需求。此外,随着生态环境的不断恶化,农业的生态环境贡献也日益受到人们的重视。

另一方面,工农业互动还体现为工业发展对农业现代化的促进作用。从全世界范围看,农业现代化是工业革命以后才开始的。工业化的完成以及相应的社会变革是农业现代化实现的前提条件和根本动力。著名的发展经济学家速水佑次郎和弗农·拉坦认为工业化能够在许多方面影响农业:非农业部门的发

---

① 张培刚.农业与工业化:中下合卷[M].武汉:华中科技大学出版社,2002.

展增加了对农产品的需求;较有利的要素-产品价格比例提高了农业生产者对机械和生物投入品的需求;工业的发展增加了非农业部门的劳动需求;不断进步的工业经济促进了农业生产率的增长。[①] 也就是说,工业化能对农业做出多方面的贡献。由此,工业扩张和发展的效应主要是通过以下途径向农业传导,进而对农业发展做出贡献的:工业化将农业剩余劳动力从土地上转移出来,促进了农业规模化;工业化为农业发展注入了新的生产要素,促进了农业工业化;工业化经由产业链向上游农业的延伸,促进了农业产业化;工业化增加了对农产品的需求,促进了农业市场化。此外,工业还以上交税收的方式增加政府收入,再由政府通过财政支出从多方面支持农业发展。

(二) 工农业和谐性发展的必要性

工业和农业是相互关联、相互依赖、相互促进的。正是这种互动关系,客观上要求工农业要保持和谐地发展。也就是说,尽管工农业的增长一定是不平衡的,但工农业发展必须具有和谐性。所谓工农业和谐性发展,是指在现代化过程中,工业与农业在产业组织变革、产业素质提升、产业结构转变、产业对外开放等诸多方面大体保持同步和共进。由于受早期发展经济学的影响,过去发展中国家习惯于以工具价值的观点看待农业的重要性,即仅把农业看成是促进工业发展的工具,从而在政策和实践上都单纯强调工业发展而忽视农业发展,导致农业发展大大滞后于工业发展。工农业发展差距过大就会造成两者间的不和谐,工业和农业之间的矛盾和冲突就会加深。所以,我们现在强调工农业和谐性发展,关键是要加快农业发展。加快农业发展,促进工农业和谐性发展的意义在于以下三个方面:

第一,是农业产业自身发展的需要。无论工业化推进到哪个阶段,农业的产业特点都决定了农业仍然是国民经济最重要的基础产业,农业仍然是不可替代的产业,农业还具有日益彰显的多功能性。所以,尽管农业在国民经济中的份额越来越小,但农业的小部门化并不意味着农业衰落。实际上,在农业增长趋缓的情况下,农业的产业发展还有很大的空间。一是农业生产组织的不断变革。农业生产过程总是在一定的形式下进行的,而采取什么样的生产组织形式

---

① Hayami Y, Vernon W R. Agricultural Development[M]. Baltimor:The Johns Hopkins University Press,1985.

则取决于当时的生产力水平。在不同的历史时期,由于生产力发展水平不同,农业生产组织形式也不同。为了适应市场的变化,并对此做出积极的响应,农业生产组织要不断地变革,才能提高农业市场竞争能力。二是农业产业素质的不断提升。提升农业产业素质,关键是要向农业不断投入和强化现代生产要素。在信息化条件下,还要在农业中大规模地投入、不断地扩散和广泛地应用信息与通信技术。三是农业产业结构的不断转变。转变农业产业结构,就是要实现从低附加值农业到高附加值农业、从谷物生产为主到非谷物生产为主、从追求农业增产到实现农民增收、从自给自足的农业模式向市场化农业模式转变。四是农业对外开放的不断扩大。提高农业对外开放水平,要求农业必须参与全球市场,融入全球化进程,按比较优势的原则参与国际分工,实现农业生产要素的全球配置和农业产品的全球市场流通。[①] 这几个方面的农业转型如能顺利实现,农业就会具有越来越多的现代性,最终,传统农业将完成向现代农业的转变。

第二,是小部门化的农业支撑快速扩张的非农产业的需要。工业化进程中,一方面,农业的小部门化不可逆转;另一方面,工业和服务业等非农产业的快速扩张又对农业形成了需求刺激。那么,小部门化的农业如何才能支撑快速发展的非农产业的需求?出路在于,不断推进农业生产组织变革、农业产业素质提升、农业产业结构转变和农业的对外开放。简言之,就是要加快农业发展和转型。只有这样,才能持续提高农业生产率,才能在农业相对规模缩小的情况下,使农业的产出得以增长,农产品的品质得以提升,从而满足非农产业快速扩张对农业的需求。从国际经验看,那些加快农业发展、促进工农业平衡发展的国家和地区,其工业化进程就比较顺利。相反,那些忽视农业发展、单纯强调工业发展的国家或地区,其工业化迟早会陷入困境。

第三,是工业化均衡推进的需要。早在20世纪40年代,著名发展经济学家张培刚就曾把工业化定义为"一系列基要生产函数连续发生变化的过程",并说"这种基要生产函数的变化,最好用交通运输、动力工业、机械工业、钢铁工业诸部门来说明"。[②] 根据这一定义,工业化不仅包括工业本身的机械化和现代化,而且也包括农业的机械化和现代化。这一定义的意义在于,把农业的改革

---

① 胡鞍钢.从国际视角看中国农业与发展//世界银行.2008年世界发展报告:以农业促发展[M].北京:清华大学出版社,2008.
② 张培刚.农业与工业化[M].武汉:华中工学院出版社,1984.

和农业的现代化作为工业化的题中应有之义,从而避免了在工业化过程中只强调工业、忽视农业的片面性。这就启示我们,不能把实现工业化与发展农业对立起来,而应从整体上认识工业化,将农业现代化看作是工业化过程中不可分割的一部分。为此,必须在工业化过程中加快农业发展,以实现工业化在国民经济各个产业的均衡推进。

第二节　工农业关系重塑的基本路径及其比较

工农业关系重塑关涉的范畴很多,近年来出现于各种理论文章和政策文件的就有"以工哺农""以工促农""以工建农""以工支农""以工助农""以工补农""以工养农""以工护农""以工带农""以工辅农""以工投农""以工扶农"等。目前,无论是在学术界还是在政策面,对这些范畴的讨论和运用均存在不加严格区分而混用的问题,从而造成了工农业关系重塑理论研究与政策制订中的诸多矛盾和困惑。本节试图从上述工农业关系重塑的诸多范畴中,提炼出"以工促农""以工哺农"和"以工补农"作为基本范畴,并重新界定其内涵,厘清其相互间的关系。

一、工农业关系重塑的基本路径

随着工业化的演进,工农两大产业的实力对比会发生变化,它们各自在国民经济中的作用和地位相应也会改变。为了促进工农两大产业协调发展,工农业关系在政策上就要作适时和适度的调整。纵观世界各国工业化进程,工农业关系重塑有如下三条基本路径。

(一) 以工促农

所谓"以工促农",是指在市场力量主导下,工业的发展通过产业互动引起农业的一系列积极变化,从而使农业与工业得到均衡发展,最终实现传统农业的现代化。"以工促农"的实质是在市场配置资源条件下,使农业依靠产业关联的内在规律来自然接受工业的促动。

从全世界范围看,传统农业的现代化是工业革命以后才开始的。工业化的完成以及相应的社会变革是传统农业现代化实现的前提条件和根本动力。工业化能够在许多方面影响农业,能对农业做出多方面的贡献。具体而言,工业扩张和发展的效应主要是通过如图 2.1 所示的路径向农业传导,进而对传统农业现代化做出贡献的。

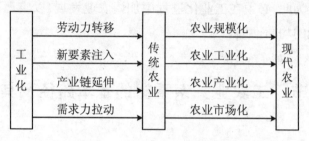

图 2.1 以工促农的传导路径

1. 工业化吸纳农业剩余劳动力,促进了农业规模化

农业现代化是以土地的适度规模经营为前提的。因为从经济观点看,只有在土地适度规模经营的基础上,现代农业科学知识和耕作技术手段才能有效地加以利用,农业劳动生产率才能逐步提高。而土地的适度规模经营,又要以农业剩余劳动力转移为条件。因此,农业剩余劳动力转移是实现农业现代化的必由之路。传统的一家一户经营规模狭小的农业生产方式,是农业现代化的重要阻碍。工业的发展则由于吸纳了大量农业剩余劳动力,并保证他们有较高的收入,使他们逐步放弃兼营的土地,因而可以大大缓解农业人口对土地的压力,相对增加每个农业劳动力承担的耕地面积。而土地的适度集中,为实行土地规模经营,进而为实现农业现代化创造了条件。对此,著名的刘易斯二元经济发展模型已经做出很好的解释。①

2. 工业化为农业发展注入新要素,促进了农业工业化

在现代农业中,农业增长主要源于具有现代性的新生产要素投入的增加。这些新生产要素不能由农业部门内部提供出来,也就是说,不是农业产业内生的,而是由工业部门提供的。② 事实上,随着工业化发展,工业不仅有能力满足其自身对新生产要素的需求,而且还有余力不断为农业部门生产和提供一部分新生产要素。比如,农业生产工具和设备大多是由机械工业部门生产的,农业

---

① Lewis W A. Economic Development with Unlimited Supplies of Labour[J]. The Manchester School of Economic Studies,1954(22):139-191.

② Stevens R D, Jabara C L. Agricultural Development Principles Economic Theory and Empirical Evidence[M]. Baltimore:The Johns Hopkins University Press,1988.

排灌机械和设备也主要来自机械和电力工业部门,农业部门所需的良种、饲料、化肥、农药和塑料制品等基本上由农艺工业和农用化学工业提供,农民所需的资金主要依靠商业银行和政府金融机构的贷款。随着工业文明的成果逐步向农业转移、渗透和扩散,传统农业得以改造,农业本身也就工业化了。

3. 工业化将产业链向农业延伸,促进了农业产业化

现代工业的组织形式不仅为农业组织形式创新提供了借鉴,而且还通过工业企业把产业链向上游农业延伸的方式,直接参与和推动了农业产业化进程。从中外农业产业化的实践来看,工业产业链可经由两种途径向农业延伸:一是工业企业为了直接获得农业原料,自己到农村开办农场。如农产品加工业或饲料加工工业公司到农村建立自己的大型专业化种植场或养殖场;二是工业企业为了获得稳定的农业原料来源,或者为了确保农业原料的品质,与现有农场以纵向一体化方式形成一个农工商综合体。无论通过哪种途径,农业都将变成仅是整个工业产业链条中的一个环节,分散的农业生产均被整合进一个统一的经营体制内,从而将大大加快农业产业化进程。

4. 工业化增加对农产品需求,促进了农业市场化

工业化不仅为农业生产率的提高提供了极大的可能性,从而在供给方面为农业生产和经营的商品化奠定了坚实基础,而且工业发展还能从需求方面拉动农业市场化。这是因为,与工业化相伴随的是城市化进程的不断推进和城市人口的大量增长。城市人口的增长将直接导致对农产品消费需求的增加,导致对以农产品为原料的食品、纺织等轻工业产品需求的增加。这种对农产品市场需求的不断扩大,将为农业市场化的发展提供重要的驱动力。此外,工业的发展还日益深化着农业产业内部的分工,不仅农业产前、产中、产后的各种工序纷纷分离出去独立为产业,而且农户生产的专业化程度也会逐步提高,如各种农业生产的专业户大量涌现。农业产业内部分工的深化及其生产专业化程度的提高,对于消解自给自足农业,建构市场化农业是一个有力的促进。

以上主要讨论了传统农业向现代农业转变过程中的"以工促农"路径。实际上,即便在农业现代化实现以后,除了不再吸纳农业剩余劳动力外,工业发展为农业注入新要素、向农业延伸产业链、增加对农产品需求,依然是农业进一步发展的不竭动力。

(二) 以工哺农

此处的"以工哺农",即人们通常所谓的"工业反哺农业",它是一种形象化的描述,一则表明工业曾经受哺于农业;二则表明工业发展起来后以其所积累的资源来回馈农业,扶持农业的发展。工业反哺农业有两种方式:一是工业直接反哺农业,即工业或工业企业从利润中提取资金直接用于对农业的扶持。二是通过政府间接反哺农业,即国家运用公共权力,汲取工业剩余,投入农业领域以促进农业发展。综观发达国家的实践,市场经济中工业对农业的利益回报更多采取的是间接反哺方式,即工业以上交税收的方式增加政府收入,再由政府运用财政支出从多方面支持农业发展。简言之,市场经济条件下的"以工哺农"主要体现为政府力量主导下的工业对农业的一种利益回馈。

世界各国工业化进程的一般规律是,工业发展起来并达到一定水平后,为了加快传统农业的现代改造,实现工农两大产业协调发展,均要借助政府力量对农业进行多方面的间接反哺。比如美国、德国、日本分别于20世纪30年代初期、40年代末期和60年代初期,在政府主导下实行了对农业的反哺政策。从这些发达国家工业反哺农业的实践来看,经由政府的"以工哺农"主要是通过如图2.2所示的路径来实现。

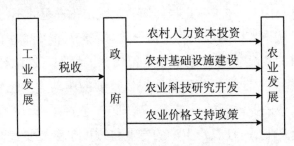

图2.2 以工哺农的实现路径

1. 政府人力资本投资重点转向农村,以提升农业劳动者素质

舒尔茨率先提出以人力资本投资为重点的传统农业改造方案,即通过教育、经济刺激等手段来提高农业劳动者的素质,改造传统农业。[①] 发达国家在工业化步入到中后期时,为了提升农业劳动者职业素质,都普遍更加重视农民教育。国家有专门的法律保障农民教育,政府有专门的机构指导农民教育,财

---
① 西奥多·W·舒尔茨.改造传统农业[M].北京:商务印书馆,2003.

政有专门的预算支持农民教育。美国的农民教育由农业部推广局负责,政府每年拨付相当数量的经费支持培训机构在农村广泛开办培训班,向成年农民传授新的技术知识。欧洲各国普遍实行农民资格考试,政府规定,农民必须接受一定时间的农业职业教育,经考试合格获得"绿色证书"后,才有资格当农民。日本在《社会教育法》《青年振兴法》等法律中,明确规定,政府应利用图书馆等设施对农村青少年、妇女、成人进行教育和培训。如今美国大部分农场主都是农学院的毕业生;日本农民中大学毕业者占到5.9%,高中毕业生占74.8%,初中毕业生占19.4%。[①]

2. 政府基础设施投资向农村倾斜,以改善农业生产条件

基础设施建设是农业发展的基本物质条件。发达国家的普遍经验是,工业化达到一定水平后,国家财政就开始向农村投资,进行大规模农村基础设施建设,包括农村道路、水利、电力、通信、电视、环境等的建设。例如,德国在推进工业化过程中,既重视大中城市间的铁路、高速公路相通,又十分注重城乡间公路的连接,特别是后来更注重向小城镇与乡村道路建设的投入。而且,联邦政府规定,每年从大都市提取一定量的资金进入"国家补偿库",用于专项支持小城镇的发展。日本在进入工业化中后期后,则由中央政府和地方政府财政拨款、贷款等形式,强化城乡道路建设,加强城乡间的联系,既缓解城乡矛盾,又促进了城乡间的均衡发展。美国、法国、英国等国家从20世纪60年代起,就不断增加对农民住房、自来水、能源等生活基础设施的投入,而且各国普遍采取公共财政支出、低息贷款、发行债券等形式进行投入。[②] 这些举措极大地改善了农民的生产与生活条件。

3. 政府鼓励农业科技研究开发,以提高农业技术含量

农业发展离不开现代科技的强大支撑。发达国家对农业的科技研发投入是巨额、多方位的。美国农业科研经费的投入主要来自联邦政府预算拨款、州政府预算拨款和私人企业自筹。美国联邦政府对农业研究、教育和推广的投入比例一直比较稳定,研究投入占农业部总预算的2%~4%,世界平均水平为1%。美国对科技成果转化与产品开发的投入相当重视,越是高新技术,投入越大。以色列政府每年对农业科研经费的投入上亿美元,大约占农业产值的

---

① 危朝安. 新型农民的成长推动新农村建设[EB/OL]. [2006-7-11]. http://scitech.people.com.cn/GB/25509/55359/66771/66776/4505004.html

② 曾建民,彭玮略. 论发达国家农村建设的政策与措施[J]. 江汉论坛,2006(12):30-32.

3%。在农业部的农业科研经费中,每年有50%是定向拨给国家农业研究组织(ARO),剩余50%和其他政府农业研究基金按分类管理,统称为"竞争性基金"。荷兰政府对农业科研非常重视,优先支持发展农业科研、教育和推广事业,其农业科研力量非常精干、高度集中。政府每年对农业科研、推广和教育的投入经费约为30亿荷兰盾,用于农业研究的经费占国家农业预算的25%左右。① 这些国家由于政府的大力支持和稳定的经费投入,极大地促进了农业科技的发展进步和推广应用。

4. 政府实施农业价格支持政策,以确保农业稳定增产

所谓农业价格支持政策,是指政府对相应的农产品规定一个政策价格,如果市场价格高于这个政策价格,则政府对市场活动不加干预,因为农民会自动选择收益较高的市场来出售;如果市场价格降低到这个价格水平之下,则政府就按支持价格实行收购,从而使得市场价格不会降低到这个价格之下。大多数发达国家都一度主要仰赖农业价格支持政策来保护农业。美国自20世纪30年代起,就开始实施农业价格支持政策,主要措施是制订农产品支持计划和农产品储备计划,以及加强农产品价格支持和保护方面的立法。日本的农业价格支持政策则始于20世纪60年代,一方面通过限制农产品进口,采取保证价格政策来支持国内农产品的高价格;另一方面又在国内对小麦、大豆、大米等农产品实行价格保护制度,通过国家出钱收购,确保农业生产者的收入不低于工业生产者的工资。欧盟自20世纪60年代初开始实施共同农业政策,基本内容就包括实行统一的农产品价格政策。政府制订各种农产品的最低收购价格,当农产品市场价格低于收购价格时,由政府或半官方机构按最低收购价格收购农产品,以补偿市场价格对农民造成的损失。② 农业支持价格政策具有很突出的作用,比如促进农业稳定增长,保障农民收入,稳定市场价格、调整农业生产结构等。

(三) 以工补农

"以工补农"是指对农业进行直接补贴,即一个国家或地区的政府为了提高农民收入,或减少农业及涉农政策给农民带来的损失而对农民的直接转移支

---

① 詹吉英,顾孟迪,李干琼. 发达国家农业科技发展比较研究及对我国的启示[J]. 安徽农业科学,2005(11):2178-2180.

② 张国,林善浪. 中国发展问题报告[M]. 北京:中国发展出版社,2001.

付。农业直接补贴是相对于上文中的农业支持价格等间接补贴而言的,前者仅根据事先确定的基期产出水平或其他条件直接对农民进行补贴,而后者主要是通过政府计划确定的目标支持价格来鼓励生产,间接保证农民获得较高收入。同时,农业直接补贴也不同于政府就整个行业进行的补贴或投入,如上文中的投资于农村人力资本培育、农村基础设施建设和农业科技开发应用,其目标只是农民收入,直接对单个的农民进行补贴,使农民能够获得更直接的收入。

由于农业直接补贴方式直接将财政支出转化为农民的收入,政策效果容易显现,同时也为适应世界贸易组织关于在农业中采取更加自由化和市场化的政策要求,1995年以来,世贸组织各成员国广泛采用这种补贴方式。尤其是发达国家政府,纷纷对其国内农业支持政策进行调整和改革,逐步减少农产品市场价格支持,转向增加对农民收入的直接补贴。从各国实行的农业直接补贴政策来看,"以工补农"的主要路径有以下几种:

1. **农业生产者补贴**

美国的生产灵活性合同补贴、欧盟的单一农场补贴制度和日本的直接支付制度均属此类。美国在1996年4月改革后的新《农业法》引入了生产灵活性合同补贴,它是一种典型的脱钩收入补贴,即补贴与实际生产情况无联系,生产者无论生产什么,均能享受到这种补贴。具体操作是对于种植小麦、玉米、高粱、大麦、燕麦、水稻与棉花的农民,按1991~1995年平均生产量的85%乘以政府规定的单位重量补贴金额。欧盟于1993年削减了对谷物、油子和豆类作物的价格支持,同时作为对生产者损失的补偿,欧盟引入了"补偿支付"这种部分与生产脱钩的直接收入补贴形式。对种植业的补贴支付主要基于这些作物1989~1991年间的平均种植面积,并要求大的生产者(谷物生产总量超过92吨)休耕10%农田,对于小规模农场不要求义务休耕,所行休耕的土地都可以获得休耕补贴。2003年起,欧盟开始实行单一农场补贴制度,每个农民获得的补贴额将根据以2000~2002年为基期的情况确定。数额一经确定,补贴就与当年种植的作物种类和面积多少无关。日本于2000年新出台了对山区、半山区的直接支付制度。此项补贴的对象是处于根据有关法规划定的山区和半山区的农田。[1]

---

[1] 农业部软科学委员会"对农民实行直接补贴研究"课题组. 国外对农民实行直接补贴的做法、原因及借鉴意义[J]. 农业经济问题,2002(1):57-62.

2. 土地休耕补贴

美国按照土地休耕保护计划,农民可以自愿提出申请,与政府签订长期合同,将那些易发生水土流失或具有其他生态敏感性的耕地转为草地或林地,时间为10~15年。进入计划的土地,首先必须休耕,退出粮食种植,其次要采取植被绿化措施。对每个农民的补贴在50~50000美元之间,全国平均为5000美元。欧盟规定享受休耕面积补贴的农场分为有强制性休耕义务的农场和自愿性休耕的农场,前者指谷物生产总量大于92吨的农场,这类农场必须休耕至少10%的耕地,但总休耕面积不得超过申请补贴面积的33%;后者指谷物总产量小于或等于92吨的农场,对此类农场休耕面积不设下限,但有33%的上限。

3. 农业灾害补贴或环境保护补贴

美国实行的农业灾害补贴,包括灾害救济、特大灾害保险和多种灾害保险三种情况。欧盟的环境保护补贴是对在农业生产中采取有利于环境保护方向发展的行为给予的资金鼓励,根据实际情况,环境保护补贴有不同的分类。日本享受直接收入补贴的农民必须满足一些特殊要求:农业生产活动必须有助于减少避免撂荒,要促进农村的综合发展,包括防止水土流失、生物保护等。

4. 农村社会保障补贴

以上3种补贴属于狭义的农业直接补贴,广义的农业直接补贴还包括农民最低收入保障、农业救济以及农业收入保险等。农村社会保障补贴是一国社会保障向农村覆盖的结果。

二、工农业关系重塑不同路径的比较

"以工促农""以工哺农"与"以工补农"是一国经济发展过程中工农业关系重塑的3条基本路径,它们前后相继,既相互联系又相互区别。为了使"以工促农""以工哺农"与"以工补农"各归其位、有序衔接,避免顾此失彼、相互混同,必须明确三者之间的差异。

(一)缘起不同

"以工促农""以工哺农"与"以工补农"的提出,首先是基于一个共同原因,即随着一国工业化的推进乃至实现,农业的日渐式微及其弱质性的日益凸显。但除此之外,它们还有各自的特殊原因。

"以工促农"是基于工农两大产业互动的内在需要。前已述及,在生产社会化条件下,工业的运转需要农业产品和服务的投入,同时,其自身又为农业提供产品和服务,这样就形成了工农两大产业相互间的依存和支持,满足了工农互动的内在需要。

"以工哺农"是针对工业化早期的"农业哺育工业"而言的。世界各国经济发展的实践表明,一个国家在工业化成长过程中,工农业关系重塑大致要经历"农业哺育工业""农工自养"与"工业反哺农业"等三个阶段。进入"工业反哺农业"阶段后,随着工业的成长并趋于成熟,一方面,工业自身积累了大量的剩余;另一方面,农业则因长期为工业提供剩余,已经处于"失血"状态,极其衰弱。同时,农业作为一个福利溢出部门,其发展程度对工业的进一步发展仍然有很大程度的制约作用。因此,工业发展壮大起来后,不仅有能力也有责任对农业进行反哺。同时,"以工哺农"还是工业自身进一步发展的需要。

与"以工哺农"强调历史因素不同,"以工补农"源于市场不能解决农民增收问题这一现实因素。农业与非农产业相比:一则受土地收益递减规律的影响,农民的收入总是受到一个上限的制约——任凭你如何增加投入都无法突破的上限,而非农产业却没有这样的上限;二则受恩格尔定律的影响,属于基本生活必需品的大多数农产品的需求弹性小,随着消费者收入水平的不断提高,对农产品的直接消费量不可能有很大的增加,有的甚至会减少;三则无论在传统农业阶段还是现代农业阶段,农业均要面临来自自然和市场的双重巨大风险。因此,农业的产业特性决定了农民收入增长的速度明显低于国民经济增长的速度。仅仅依靠市场手段不可能真正解决农民的增收问题,还必须依靠政府补贴才能实现。从实践来看,当今世界发达国家即便均已实现了农业现代化,也无一例外地通过实施高额农业直接补贴政策才成功地解决了农民增收难题。

(二) 历史起点不同

"以工促农""以工哺农"与"以工补农"作为工农业关系重塑的3条基本路径,由于各自作用的发挥要依赖于不同的历史条件,所以它们启动的历史起点是不同的,如图2.3所示。

工业化进程中,工业代表着先进的生产力,即使在工业化的初期阶段,也能够通过为农业部门提供先进的工具与技术促进农业的发展。以美国为例,工业化初期耕地面积成倍增加,造成农业劳动力奇缺,导致旧式的以人力为主的手工农具及相应的耕作方法难以满足生产迅速发展的要求,迫切要求用农业机械代替农业手工劳动。此时,迅速发展的工业部门刚好在这方面发挥了关键作用:1831~1847年,收割机、畜力脱粒机、全钢犁、马拉玉米播种机、谷物播种机、割麦机等相继问世。正是这个以农业技术革新及一系列农业机器的发明和使用为主要特征的"革命性开端",以及工业新文明对农业的改造,使美国农业开始向专业化、集约化、半机械化、科学化方向发展,为资本主义农业的"美国式道路"开辟了广阔的前景。① 实际上,在整个工业化过程中,工业扩张对农业剩余劳动力的吸纳、向农业注入新的生产要素、将产业链向农业延伸、增加对农产品的需求等,都是促进传统农业现代化的重要力量。

图2.3 "以工促农""以工哺农"与"以工补农"的历史起点

只有当工业自身积累了大量的剩余,才有能力对农业进行"反哺",这样的条件一般要等到工业化中后期方可具备。因此,工业化中后期是"以工哺农"的历史起点。一般认为,工业化进入中后期应具有如下结构特征:人均GDP超过1000美元,农业劳动力份额低于55%,城市化水平超过35%。以此观之,美国、德国、日本大致分别于20世纪30年代初期、40年代末期和60年代初期步入工业化中后期,中国则于20世纪90年代中期开始进入工业化中后期。相应地,这些国家也就具备了"以工哺农"的条件。"以工哺农"担负的历史使命,首先是支持传统农业的现代化,一旦农业现代化目标得以实现,"以工哺农"则要继续为农业发展做贡献,尤其是提供各种公益性服务,但其部分政策要向"以工补农"转变。

农业现代化实际上是工业化的内容之一,所以农业现代化的实现同时也是工业化的完成。一旦农业实现了由传统到现代的决定性转变,其规模化、工业化、产业化和市场化的成熟程度与发达水平,与非农产业相差无几。但如前所述,农业本身具有的弱质性决定了农业在完成了现代化任务之后还面临着一个重要的"后现代"问题,即农民增收问题。而当一国经济发展步入后工业化阶段,同时也就具备了通过"以工补农"来解决农民增收问题的条件。一方面,非

---

① 张国,林善浪.中国发展问题报告[M].北京:中国发展出版社,2001.

农产业发达使国家的财政支付能力大大增强;另一方面,农业的小部门化使农民在社会中所占比例相对很小,这样政府对农民进行大规模的直接收入补贴就成为可能。

(三) 目标不同

前已述及,"以工促农"的传导路径是在市场力量作用下,工业化将农业剩余劳动力从土地上转移出来,以促进农业规模化;工业化为农业发展注入新的生产要素,以促进农业工业化;工业化经由产业链向上游农业的延伸,以促进农业产业化;工业化增加对农产品的需求,以促进农业市场化。农业的规模化、工业化、产业化和市场化都是农业现代化的内容,这"四化"水平的高低,决定了农业产业素质的强弱。由此可见,"以工促农"传导路径的目标指向是充分利用市场机制的作用,引导资源在工农两大产业间进行优化配置,从而促进农业产业素质提升。简言之,"以工促农"的目标是为农业发展提供直接推动力。

如上文所述,"以工哺农"的实现路径主要是政府作为行为主体,将人力资本投资重点转向农村,以提升农业劳动者素质;将基础设施投资向农村倾斜,以改善农业生产条件;鼓励农业科技研究开发,以提高农业技术含量;实施农业价格支持政策,以稳定农业生产。劳动力、基础设施、技术和价格都是农业发展的必要环境条件,因此这些实现路径的目标指向基本是一致的,即通过政府的政策干预,改变市场竞争中农业相对于工业所处的不利地位,为工农两大产业发展营造一个相对公平的环境。简言之,"以工哺农"的目标是改善农业发展环境。

上文已指出,"以工补农"的主要路径有种植业补贴、土地休耕补贴、农业灾害补贴或环境保护补贴以及农民最低收入保障、农业救济、农业收入保险等社会保障补贴。政府的这些农业直接补贴政策均是以收入为目标的,即确保农业现代化后农民收入能与国民经济同步增长,防止城乡居民收入差距拉大。

(四) 实现机制不同

"以工促农"是在市场力量作用下,工业的发展通过产业互动引致农业的一系列积极变化。这是一种自然促动,它要求工业发展引致农业变化的传导路径是畅通的,其间没有阻滞存在。为此,需要充分发挥市场机制的作用,使产品和生产要素能在工农两大产业间毫无障碍地自由流动和高效配置。在完善的市场经济体系中,一般更多地体现为各种现代生产要素自发地从密集的工业领域流向稀缺的农业领域,同时伴以农业领域过剩的产品和劳动力向工业领域流动,从而实现市场的一般均衡。由此可见,"以工促农"的主导力量是市场,市场机制是其基本的实现机制。

市场经济条件下的"以工哺农"和"以工补农",主要体现为政府力量主导下的工业对农业的一种利益回馈。这种利益回馈的本质是对国民收入分配格局加以调整,使公共财政支出更多地向农业倾斜,借此调配政府掌握的各种资源来促进农业发展、农民增收。要达此目的,"以工哺农"和"以工补农"必须以国家强制力为后盾、以取自工业的税收资源为支撑、以财政支出安排为手段,由各级政府及其职能部门来负责组织实施。由此可见,"以工哺农"和"以工补农"的主体是政府,行政机制是其基本的实现机制。所不同的是,"以工哺农"是政府就整个行业进行的补贴或投入,"以工补农"则直接对单个的农民进行补贴。

第三节 工农业关系重塑路径的现实选择

自21世纪初以来,在一系列强农惠农政策的推动下,我国工农业关系逐渐朝着有利于"三农"发展的方向调整。但是,由于在理论上对工农业关系重塑基本范畴的内涵及其相互关系认识不清,在实践中对工农业关系重塑路径的选择出现偏差。这种偏差主要体现为:在农业现代化尚未实现时就过早地启动了"以工补农";在农业现代化过程中重"以工哺农"、轻"以工促农"。基于上一节对"以工促农""以工哺农"和"以工补农"内涵的重新界定,以及对其相互间关系的厘清,结合我国工业化所处的阶段和"三农"问题的现状,我们认为,当下我国工农业关系重塑在路径选择上应把握好以下三点。

一、目前我国尚不完全具备"以工补农"的条件

只有当一国经济发展步入后工业化阶段,方才具备通过"以工补农"来解决农民增收问题的条件。从发达国家公共财政对农业投入的实践看,其路径选择

遵循的先后次序是:从粮食价格支持到支持农村教育、技术开发、社会保障和基础设施建设,再到直接补贴,而且整个过程用了几十年的时间来完成。直接补贴都是在较晚的阶段才实施的,此时的农业、农村已经有较为稳固的基础和发达的水平,农业人口所占比重相当低,城市化水平相当高,人均年收入也都超过2万美元,具备了直接补贴农民的条件和基础。反观我国经济发展所处的阶段和"三农"现状,可以看出我国距离大规模、高水平的直接补贴还有很长一段路要走。① 因此,目前我国公共财政对农业的投入应主要围绕提升农业产业素质来实施,而不是集中于补贴农民收入。

然而,我国于2002年开始试点,2004年就在全国范围内正式启动了"以工补农"。从近年来中央财政用于"三农"的支出结构来看(见表2.5),"以工补农"支出(包括粮食直补、良种补贴、农机具购置补贴、农资综合补贴等4项补贴)占到10%以上,其余为"以工哺农"支出(包括支持农业生产支出、促进农村社会事业发展支出、农产品储备费用和利息等支出)。按照2013年我国乡村人口62961万人、农民人均纯收入8896元来计算,全部1701亿元对农民的补贴,仅使农民人均增收270元,占农民人均纯收入的3.04%。由此可见,"以工补农"对农民增收的政策效果非常有限。

表2.5 中央财政用于"三农"的支出结构

年份	用于三农的支出合计(亿元)	支持农业生产支出		对农民的四项补贴支出		促进农村社会事业发展支出		农产品储备费用、利息等支出	
		金额(亿元)	占比	金额(亿元)	占比	金额(亿元)	占比	金额(亿元)	占比
2009	7253	2679	36.94%	1275	17.57%	2723	37.55%	576	7.94%
2013	13763	5402	39.25%	1701	12.36%	6040	43.89%	620	4.50%

数据来源:中华人民共和国财政部《关于2009年中央和地方预算执行情况与2010年中央和地方预算草案的报告》《关于2013年中央和地方预算执行情况与2014年中央和地方预算草案的报告》。

---

① 曾祥炎.工业反哺农业路径与财政支撑新型农村合作医疗[J].现代经济探讨,2005(11):36-40.

二、处理好"以工促农"与"以工哺农"的关系

(一)"以工促农"与"以工哺农"两手都要硬

近年来,我国"以工哺农"的政策力度在逐步加大,这表明"以工哺农"在传统农业现代化中的作用已引起人们越来越多的关注。但是,对于如何发挥"以工促农"传导机制的作用以推进传统农业的现代化,尚未引起人们足够重视。实际上,工业齿轮的每一圈转动,都会对农业形成千丝万缕的正面牵拉。如果能在市场力量的作用之下,充分发挥"以工促农"传导机制的作用,使农业依靠产业关联的内在规律来自然接受工业的促动,这将比政府主导下的"以工哺农"可能更为有效。所以,在强调"以工哺农"的同时,不能忽视"以工促农",亦即不能忽视市场在实现传统农业现代化中的基础性作用。其实,这也是多数国家在工业化进入中期阶段后调整工农关系的共同行为选择。当前,我国推进传统农业现代化,一手要抓"以工哺农",主要是加大政府对农业的资金投入力度,合理调配资金投入方向;一手要抓"以工促农",主要措施包括:走新型工业化道路,增强工业发展对农业剩余劳动力的吸纳能力;增加农村人力资本投资,提升农民承接新要素的能力;优化农村投资环境,吸引工业资本向农业投资;加大户籍制度改革力度,拆除城乡壁垒。[①]

(二)经由"以工哺农"营造"以工促农"的条件

农业现代化与国家工业化之间本应是相互促进、相互制约的关系。然而,从新中国建立以来的几十年工业化实践来看,工业化的高度推进并没有带动传统农业的相应改造。一部分比较发达的现代工业与大量的传统农业并存的事实表明,我国"以工促农"的传导路径还不是很畅通。究其原因,主要在于农业发展环境不佳,限制了"以工促农"传导机制作用的发挥。比如,长期以来教育上的重城轻乡,以及农民自身投资人力资本的意愿与能力偏弱,这些都使我国农村教育发展明显滞后于城市,农业经济发展中的人力资本投资严重不足。而农村人力资本投资不足,必然制约农民对新要素的需求。再如,由于长期形成的城乡"二元结构",国家对农业、农村基础设施的投入始终偏少,对现有基础设

[①] 杨国才."以工促农"传导机制的整合及其政策建议[J].改革,2007(5):70-75.

施的更新改造也微乎其微,导致我国农业、农村的基础设施还十分薄弱。而薄弱落后的农业、农村基础设施,是很难对农业生产提供持续的保障和促进作用的,更难以支撑现代农业发展。所以,尽管农业蕴藏无限商机,工业资本对投资于农业也很感兴趣,但工业企业产业链向农业延伸的步伐依然迟缓。此外,农业科技投入不足、推广不力,农业价格支持政策出台偏晚、力度偏小等,都导致了"以工促农"传导机制的严重阻滞。

要充分发挥"以工促农"传导机制的作用,就必须下大力气改善农业发展环境。为此,政府需要及时调整工农业关系,启动"以工哺农"政策。2003年以来,面对日益凸现的"三农"问题和日渐扩大的城乡鸿沟,中央适时出台了"新三农政策",国家对农业已由过去的"多取、少予"转变为"多予、少(不)取",工业对农业已由过去的"抽吸"转变为"反哺",并且这种转变已不可逆转。最近几年,由于"新三农政策"的逐步实施,农村人力资本投资和基础设施投资在加强,农业科技研究开发力度在加大,农业价格支持政策在落实。随着农业发展环境的日益改善,原本受到抑制的"以工促农"传导机制正在发挥着它本应发挥的作用。结果是,农业的规模化、工业化、产业化和市场化水平都得到不同程度的提高。

(三) 通过"以工促农"引导"以工哺农"的方向

"以工哺农"需要大量的财政投入,而政府的财力毕竟是有限的。为了使政府对农业有限的财政投入发挥更大作用,"以工哺农"就存在一个路径选择问题。这路径的选择,应该着眼于能对农业发展产生长期效应的方面,而不是短期内农民的增收。这就要求,我国"以工哺农"路径的选择必须反映"以工促农"的现实需要,换言之,要通过"以工促农"来引导"以工哺农"的方向和重点。

目前,我国"以工哺农"的方向和重点应该是:发展农村教育、卫生事业,促进农村人力资本的培育与增长;建设农村、农业公共基础设施,改善农业发展和农户成为市场主体的物质条件;加强农业科技开发与推广,提高农业生产的效率、效益;实行农业支持价格政策,稳定农业生产和农民收入。由于这4个方面都直接关涉"以工促农"的效果,所以要同时推进,而不应该有明显的路径选择上的先后之分。当然,政府在这4个方面的投入可以也应该是有所差异的。

三、构建工农业一体化发展机制

在中国工业化快速推进过程中,由于长期的城乡分割体制与重工轻农政策,不仅导致农业在增长速度上远远不及工业,而且在发展水平上也与工业存在很大差距。具体表现为农业的产业组织变革、产业素质提升、产业结构转变、产业对外开放,均大大滞后于工业。比如,小农生产方式的特征还比较明显,农业科技发展水平还比较落后,低附加值农业还占主体,农产品的整体国际竞争力还相对较弱。工农业发展的巨大差距,不可避免地引发两大产业间的矛盾和冲突,良性互动更是难以达成。那么,在工业化进程中,如何缩小工农业发展的差距,进而实现两者的和谐性发展? 根据上文的分析,我们认为,应充分整合工业化、市场化和政府的力量,构建工农业一体化发展的机制。

(一) 推进农业的工业化,实现工农业生产方式趋同化

协调工农两大产业间的矛盾和冲突,促进工农业和谐性发展,首先要消除工农两大产业在生产方式上的巨大落差,即消除农业小农生产方式与工业社会化大生产方式的二元对立。小农生产方式是前工业化社会的基本生产方式,也是传统农业的基本生产方式。它以农民家庭分散经营为主要经营形式;使用简单而落后的生产工具,主要运用世代相传的农耕技术和方法,很少或者没有现代农业生产要素的参与;生产力水平低,专业化、商品化和社会化程度不高,基本处于自给和半自给状态。18 世纪 60 年代,工业化在英国的兴起,代表着一种新的生产方式的诞生,即社会化大生产方式将逐步取代小农生产方式。社会化大生产是一种组织化、规模化生产,以分工协作为基本特征。它表现为生产资料和劳动力集中在企业中进行有组织的规模化生产;专业化分工的不断发展,各种产品生产之间协作更加密切;通过市场的联系和调节,使生产过程各环节形成一个不可分割的整体。

社会化大生产最初出现在工业部门,后来在发达国家,随着农业逐步融入工业化进程,工业的社会化大生产方式移植到了农业,使得农业与工业越来越难以区分,乃至没有本质的不同,而只具有形式上的差异。但在中国,长期以来片面的工业化导致社会化大生产方式向农业的移植比较缓慢,至今农业还带有相当多的传统小农生产方式的印迹。所以,促进工农业和谐性发展,必须借力工业化,用工业的社会化大生产方式重塑农业,最终将农业演变成工业。随着

工农业生产方式的趋同,两大产业的矛盾和冲突便自然得以调和。

(二) 突破工农产业壁垒,实现工农业要素配置一体化

在中国,由于长期存在严重的工农产业壁垒,抑制了生产要素在这两大产业间的自由流动,这也是造成工农两大产业间矛盾和冲突的重要原因。比如,城乡分割的户籍制度阻碍了农业部门剩余劳动力向工业部门的流动,城乡二元土地制度使农民难以充分分享工业化、城市化发展带来的土地增值收益;而公共产品供给的城乡二元体制,导致农业基础设施薄弱、投资风险加大,使工业资本投资农业裹足不前。协调工农两大产业间的矛盾和冲突,促进工农业和谐性发展,必须突破工农产业壁垒,建立城乡一体化的劳动力、资本、土地、技术等生产要素市场,使这些生产要素在工农两大产业间能自由流动。这样,才能充分发挥市场机制在资源配置中的决定性作用,优化资源在不同产业的配置,提高经济运行的整体效率。

在完善的市场经济体系中,一般更多地体现为各种现代生产要素自发地从密集的工业部门流向稀缺的农业部门,同时伴以农业部门的过剩劳动力以及土地要素向工业部门流动。生产要素在工农两大产业间的自由流动,对于农业部门来讲,不仅能自动分享工业化带来的就业增加、土地增值的好处,而且可以通过引进工业部门的现代生产要素来提升自身的产业素质。对于工业部门而言,则能解决因自身扩张而产生的对劳动力、土地的巨大需求问题。此外,工业部门的快速扩张,由于伴随着农业的小部门化以及国家财力的增强,这又为工业反哺农业创造了必要前提和物质条件。

(三) 优化财政支农结构,实现工农业公共产品均等化

公共产品投资对任何一个产业的发展都至关重要,但中国在公共产品的投资上长期存在的"重工轻农"倾向,严重抑制了农业的发展,这是造成工农两大产业间矛盾和冲突的另一重要因素。近年来,国家财政支农的力度虽有所加大,但在财政支农结构中,对农民的4项补贴支出(包括粮食直补、良种补贴、农机具购置补贴、农资综合补贴等4项补贴)占比较大,在一定程度上又缩小了农业公共产品投资的规模。当下,中国工业化已进入中后期阶段,应借鉴发达国家工业反哺农业的经验,从根本上扭转公共产品投资上的工农业不均倾向,加大政府的财政支农力度。同时,由于中国经济发展尚未步入后工业化阶段,在

还不完全具备通过农业直接补贴来有效增加农民收入条件下,与其将有限的政府财力撒胡椒面式的补贴给单个的农民,不如集中财力为整个农业产业提供公共产品,以夯实农业发展的基础。

农业公共产品投资应突出重点、有所侧重,要分阶段、有层次地进行。从发达国家农业公共产品投资的实践看,其路径选择遵循的先后次序大体是:从支持农村教育到农业技术开发、农村社会保障,再到农业基础设施建设。[①] 以此为鉴,现阶段中国农业公共产品投资的方向和重点应该是:发展农村教育、卫生事业,促进农村人力资本的培育与增长;建设农村、农业公共基础设施,改善农业发展和农户成为市场主体的物质条件;加强农业科技开发与推广,提高农业生产的效率与效益。

---

① 曾祥炎.工业反哺农业应遵循农村经济发展次序[J].南华大学学报(社会科学版),2005(4):15-18.

第三章　统筹城乡发展与新农村建设

2003年,中共十六届三中全会提出"五个统筹"战略思想,将城乡统筹发展上升为国家战略。2005年,中共十六届五中全会提出,要按照"生产发展、生活宽裕、乡风文明、村容整洁、管理民主"的要求,扎实推进社会主义新农村建设。新农村建设的重点主要包括基础设施和公共服务两个方面。2013年中央农村工作会议上,美丽乡村建设作为全面小康社会建设的重点乃至中国梦的定位被提出来,其重点又包含了生态和文化建设。美丽乡村建设与新农村建设是一脉相承的,前者是后者的升级版。

第一节　统筹城乡发展的三个层面

统筹城乡发展是科学发展观的基本要求,也是新农村建设和美丽乡村建设的目标取向。实现城乡统筹发展,在城乡关系的不同层面上应有不同的目标取向,即在经济层面上要缩小城乡差距,在社会层面上要消除城乡差别,在自然层面上要尊重城乡差异。

一、城乡经济差距要缩小

城乡经济差距(economic gaps),是指乡经济发展不平衡现象,即城乡之间因地理位置、开放程度和制度环境的不同而导致经济发展水平的不同,集中体现为城乡居民收入水平的差距。城乡经济差距通常是用货币来反映的,因而是可量化和可测定的。同时,由于政策、体制是决定经济发展的很重要的制度因素,因而可以通过改变政策、体制来缩小城乡之间的经济差距。但由于地理因素在很大程度上非人力所能改变,开放程度与制度环境和地理因素均有关,因而城乡之间的经济差距又难以完全消除。

本书第一章已经述及,长期以来中国城乡居民收入一直维持着较大差距。20世纪80年代中期,城乡居民之间的收入差距一度有所缩小,但后来持续拉大,2007年城乡居民人均收入差距指数更是扩大到3.33∶1。近年来,城乡居民人均收入差距指数虽逐年下降,但城乡收入绝对差距仍在扩大。

缩小城乡经济差距,让广大农民能更多地分享改革和发展的成果,是中国现代化面临的紧迫任务。缩小城乡经济差距的关键,是要恢复农村自身的经济活力,加快农村自身的经济发展。为此,在工业化和城市化的推进过程中,必须对城市偏向、工业偏向的政策、体制做大的调整,不仅要鼓励"农民进城",还要引导"资金下乡",方能从根本上扭转城乡之间资源配置的错位。就"农民进城"来说,要彻底打破目前城市对农民工的"经济接纳,社会拒绝"的制度安排,以实现暂时性的劳动力流动向永久性的人口迁移的转变。就"资金下乡"而言,政府应首先加大对农村的投入,通过改善农村投资环境来带动更多民间投资进入农村。

二、城乡社会差别要消除

城乡社会差别(social inequality),是指城乡居民的社会权益不平等现象,即城市居民和农村居民之间因身份地位和基本权利的不平等而使得他们在追求同样目标时,初始机会的不均等而最终导致的社会待遇的不同。尽管城乡居民的社会差别对他们经济利益的获取会产生很大影响,但社会差别本身一般是不可量化和不可测定的。同时,由于城乡社会差别是人为的、由社会性因素造成的人与人之间的不同等地位和待遇,因而它的存在是不合理的,人们可以通过改变制度安排来改变它,乃至彻底消除它。

我国城乡社会差别的形成始于20世纪50年代后期。为了保证从农业中获取稳定的工业化资金,降低重工业发展的成本,减轻工业化过程中由于劳动力转移而形成的城市就业压力,从20世纪50年代后期开始,我国逐步形成了以户籍制度为代表的一整套城乡隔离和权益差别制度。严格的户籍制度与城市偏向的粮油供应制度、劳动就业制度、社会福利制度、教育制度等相结合,形成了严密的城乡分割的二元社会体制。改革开放后,尽管城乡分割体制有所松动,但并没有完全消除。比如,农村居民和城市居民在就业、税赋、教育、医疗、社会保障、政治参与等方面所享有的国民待遇仍然有显著差别。实际上,改革开放以后的城乡分割体制已逐渐演变成一种权益结构,维护着城市阶层的既得权益,农民阶层则长期受这一体制的束缚而成为最大的利益受损群体。[①]

城乡之间存在巨大的社会差别是中国特有的。世界上绝大多数国家尽管都有城市居民和农村居民的划分,但由于城乡间人口可以自由流动,没有任何社会制度的障碍,所以城市居民和农村居民只是表明居住地和职业的不同,并不附带有什么经济利益和社会地位的差别。中国特有的社会层面的城乡差别,不仅有违于人们对自由、平等理想的追求,而且还造成经济上城乡差距不断拉大,"三农"问题日益凸显。因此,消除城乡社会差别、促进城乡社会一体化进程已是刻不容缓。消除城乡社会差别的关键是改革户籍制度,也就是要恢复其户籍登记的本来面目,把黏附在户籍制度上的各种不合理的制度规定全部剥离出去,城乡都按照常住人口与暂住人口进行户籍登记。此外,还要改革劳动就业和社会保障制度,统筹城乡劳动力市场;改革教育体制,统一城乡义务教育等。

三、城乡自然差异要尊重

城乡自然差异(national differences),是指城乡之间自然形成的差异,包括自然环境的差异和不同自然环境对生活于其中的人们的影响。城乡之间必然存在自然环境的差异,诸如地理因素、人口状况、自然资源的差异,这些差异是先赋的、自生的、不可选择的客观存在。城乡不同自然环境对人们的影响,实质表现为人们对自然环境的适应能力,也就是城乡居民为适应不同自然环境而形成了各异的生产方式、生活方式和文化传统,这些差异或许在城乡逐步融合的过程中而趋于缩小,但不可能消失殆尽。城乡之间自然形成的诸多差异,使城乡社区从外在景观到内在结构都各具特色,这有利于充分发挥城市和农村的各自优势,实现城乡功能互补。而且,城乡自然差异并不必然表现为城乡经济水平上的差距和社会地位上的差别,因此它的存在应该受到人们的尊重。

我国现存的城乡空间布局是在计划经济体制下形成和发展起来的,带有浓厚的行政圈定色彩。比如,城市办工业,农村搞农业;城市是市民社会,农村是农民社会。市场化改革以来,工业化、城市化的进程自然引发城乡布局的调整。

[①] 陆益龙.户籍制度:控制与社会差别[M].北京:商务印书馆,2003.

但是，合理布局城乡空间的前提条件是承认和尊重城乡自然差异，否则就会模糊城乡边界，混淆城乡功能。目前，我国存在许多"城不城，乡不乡"的地域，从外部景观上看，"走过一村又一村，村村像城市；走过一城又一城，城城像农村"，这正是城乡自然差异不清的具体反映。其实，无论一个国家或地区如何现代化，城乡自然差异总是定义城市、区别农村的标准。如果不存在城乡自然差异，也就无所谓城乡之分。在这方面，欧美发达国家、日韩以及我国台湾地区的经验就特别值得我们借鉴。它们大多是在工业化、城市化发展到一定阶段的时候，以政府财政所带动的投资为主，来进行农村的基础设施改造，来进行农村的社会制度建设，来保持农村风光秀美的原貌。人们生活在农村，感觉不出它与城市在基础设施上有多么大的差距，感觉到的最大不同就是农村空气清新、山川秀美、生活和缓，人与自然共生共栖。因此，农村的生活质量并不比城市差。

建设社会主义新农村是当前我国现代化进程中的一项重大历史任务。推进社会主义新农村建设，必须遵循统筹城乡发展的思路。但统筹城乡发展并不意味着城乡之间没有任何差异，要把广大农村社区变成城市，而是要承认并尊重城乡基于自然而形成的差异，保留城乡各自特色，发挥城乡各自优势。要根据城乡不同的地域特点、环境和条件进行有区别、有各自特色的发展。一方面，要避免空间景观的同一化，应强调特色化、个性化（如村庄及其建筑），这样才有吸引力和竞争力；另一方面，要避免结构功能的同质化，应强调异质化、专业化，这样才有互补性和协同性。

综上所述，实现城乡统筹发展，如果说在经济层面上要实现共富，在社会层面上要求同，那么在自然层面上就要存异。

第二节　新农村建设的空间定位

新农村建设是中央为缩小城乡差距，促进城乡协调发展而做出的一项重大战略决策。任何战略和政策的制定、实施都是在一定的时空范围内进行的，时空定位提供了基本的约束条件，对这个基本前提的忽视将会导致发展方向和策略的模糊与紊乱。因此，对作为新农村建设的两个重要约束条件的时间和空间进行研究就有着极为重要的现实意义。林毅夫、华生、陈凤英、叶敬忠等学者已对新农村建设的完成时间进行了深入研究,①而仅有个别学者对新农村建设的实施空间有所触及。②本节基于调查所获取的资料,拟对新农村建设的实施空间加以深入探讨。

不同群体对新农村建设有着不同的认知,他们会从不同视角去观察、思考新农村建设。对新农村建设实施空间的研究,实际上存在着3个不同的视角:农民的视角、官员(政府)的视角以及学者的视角。那么,不同群体视角中新农村建设的实施空间究竟有着怎样的差异?这样的差异是如何形成的?又受哪些因素影响?

2006年以来,安庆师范大学"科学发展观与社会主义新农村建设"课题组,先后赴安庆市所辖桐城市、怀宁县、枞阳县、宿松县、太湖县、大观区、宜秀区等7个县(市、区),持续进行了多年的调研,听取了县、市、区及相关部门的情况介绍,召开了县(市、区)直机关、乡镇、村等多层次座谈会,实地考察了数十个村,走访了几百家农户,并对有关农民、官员和学者进行了随机现场问卷调查。本研究共完成240份现场问卷,其中农民问卷、官员问卷、学者问卷各80份。此处的农民包括了村干部,官员是指县、乡两级政府官员,学者主要是安庆市高校、党校以及一些研究机构里对农村有一定了解和研究的教师和研究人员。不同群体的问卷份数相等,是为了便于比较。

一、基于不同视角的新农村建设实施空间

在"科学发展观与社会主义新农村建设"调查问卷中,有"您认为新农村建设的实施空间应该是指()"这样一道选择题,备选答案有3个:村庄;村庄+集镇;村庄+集镇+城镇。为了统一大家对同一概念的理解,该题特别提供了以下备注:村庄,是指农村村民居住和从事各种生产的聚居点;集镇,是指乡政府所在地或周围数个行政村形成的集中居住地和市场;城镇,是指经省、自治区、直辖市批准设立的建制镇,如县城和镇政府所在地。

---

① 林毅夫.关于社会主义新农村建设的几点建议[J].北方经济,2006(5):5-6.
华生.新农村建设需要分阶段循序渐进[EB/OL].[2006-3-20].新浪博客.
陈凤英.从国际经验看新农村建设的四点启示[EB/OL].[2006-11-10].中国农业网.
叶敬忠,那鲲鹏.新农村建设的时间[J].中国农村经济,2007(1):17-23.
② 王立胜.关于社会主义新农村建设几个基本理论问题的探讨[J].当代世界与社会主义,2007(2):112-116.

通过对调查数据的整理,发现在总体人群中,认为新农村建设的实施空间是指村庄、村庄+集镇、村庄+集镇+城镇的比例分别为 29.6%、33.3%、37.1%。这表明,总体人群中认为新农村建设的空间应定位于村庄、村庄+集镇、村庄+集镇+城镇的比例是依次递增的。但是,各空间域内分布人数的比例都非常接近于不同群体在总体人群中所占比例,其间的差别并不大。也就是说,各有大约 1/3 的人认为新农村建设的空间应分别定位于村庄、村庄+集镇、村庄+集镇+城镇。总体人群在各空间域内人数分布的具体情况及其比例如表 3.1 所示。

表 3.1　总体人群对新农村建设的空间定位

空间域	人数(人)	百分比	累计百分比
村庄	71	29.6%	29.6%
村庄+集镇	80	33.3%	62.9%
村庄+集镇+城镇	89	37.1%	100%

通过对调查数据的进一步整理分析,发现农民中有 88.8% 的人认为新农村建设的实施空间是村庄,官员中有 85% 的人认为新农村建设的实施空间是村庄+集镇,学者中有 96.3% 的人认为新农村建设的实施空间是村庄+集镇+城镇。这表明,不同群体对新农村建设实施空间的理解呈现出高度的趋异性,而同一群体对新农村建设实施空间的理解则呈现出高度的趋同性。不同群体在各空间域内人数分布的具体情况及其比例如表 3.2 所示。

表 3.2　不同群体对新农村建设的空间定位

人群	村庄		村庄+集镇		村庄+集镇+城镇	
	人数(人)	比例	人数(人)	比例	人数(人)	比例
农民	71	88.8%	9	11.2%	0	0
官员	0	0	68	85%	12	15%
学者	0	0	3	3.7%	77	96.3%

综上所述,基于不同视角的新农村建设的实施空间是不同的:农民倾向于将其定位于村庄,官员倾向于将其定位于村庄+集镇,学者倾向于将其定位于村庄+集镇+城镇。

二、不同视角的比较与分析

从上述分析中可知,从农民到官员再到学者,各自所理解的新农村建设实施空间不仅存在差异,而且是渐次扩大的,即前者被包含在后者之中。前已述及,空间定位是新农村建设的基本约束条件之一(另一个基本约束条件是时间定位)。空间有多大,能够容纳的内容就有多少。因此,不同群体对新农村建设的空间定位不同,他们眼中的新农村建设内容就有所不同,或者说他们对新农村建设就有着不同的心理期待。

调查发现,大多数农民最为关心建房、修路、改善饮用水、清洁环境等,而这些建设内容基本上是在村庄范围内展开的;大多数官员对康居新村、示范村的建设和移民建镇表现出了强烈偏好,而这些能提升形象的工程建设一般会安排在基础较好的中心村、集镇上,或者是适合于发展为中心村、集镇的地方;大多数学者则对以城带乡、城乡协调发展有着很高的期待,城镇建设自然成为新农村建设不可或缺的内容。这表明,不同群体对新农村建设内容的关注,在逻辑上是符合其对新农村建设的空间定位的。

那么,农民、官员和学者这三个群体视角中新农村建设实施空间的差异是如何形成的?又受哪些因素影响?视角,是指人们站在什么样的位置,从哪个方面、哪种关系去认识世界,简单地说,就是观察问题的角度。针对同一对象,不同的人会从不同的视角去开掘对象所蕴涵的潜在内容。这视角的形成,既取决于观察对象(客体)也取决于观察者(主体)。就人们对新农村建设实施空间的定位来说,作为认识客体的"农村"的内涵与外延是否明确,作为认识主体的"人"的利益诉求与知识结构又如何,都会影响到人们视角的形成。

(一)"农村"概念的模糊性

要定位新农村建设的实施空间,必须首先把"农村"的概念弄清楚。然而,"农村"的概念看似简单,实则人们对其还难以形成一致的看法。

农村是生产力发展到一定阶段的产物,包含着社会、经济、自然、文化等丰富内容。在不同的国家、不同的历史时期、不同生产力水平上,农村的内涵是不同的。因此,试图给农村下一个超越时空的定义是不现实的。[①] 为了避

---

① 李佐军.中国的根本问题:九亿农民何处去[M].北京:中国发展出版社,2000.

开农村内涵的不确定性这一难题,国际上通常是从人口集中程度来定义农村。1987年,国际统计学会将居民人口超过2000人以上的居民点称为城市地区,其余广大地区称为农村。联合国则将20000人以下的区域定为农村,以此进行国际比较。在美国,凡人口在2500人以下或人口在每平方英里1500人以下的地区及城市郊区都算作农村。欧洲各国一般以居住地在2000人以下者为农村。

从人口集中程度来定义农村,虽然避开了农村内涵不确定性的难题,但这没有抓住农村社会的本质特征。此外,不同组织、不同国家对农村居住人口的规定不可避免地带有一定的随意性,且相互间并不一致,这给国际比较造成困难。

在中国,目前还没有直接规定"农村"这一统计指标的口径,仅规定了"市镇总人口"和"乡村总人口"这两个人口统计指标。国家统计局解释,"市镇总人口"指市、镇辖区内的全部人口;"乡村总人口"指县(不含镇)内全部人口。其中,"市"是指经国家规定成立"市"建制的城市;"镇"是指经省、自治区、直辖市批准的镇。1984年规定,凡县级地方国家机关所在地,或总人口在2万人以下的乡,乡政府驻地非农业人口超过2000人的,或总人口在2万人以上的乡,乡政府驻地非农业人口占全乡人口10%以上的,均可建镇。另外,依照1989年国家颁布的《中华人民共和国城市规划法》,城市是指按国家行政建制设立的直辖市、市、镇。也就是说城市包括设市城市和建制镇。而农村是相对于城市而言的,据此,我国行政意义上的农村应是人口尚不足以设镇的地域,包括集镇和村庄。

上述行政意义上的"农村"概念的问题在于,虽然国家统计局"市镇总人口"统计指标和《中华人民共和国城市规划法》均将建制镇作为城市范畴,但它与城市还是有着一定区别的,它介于城市和农村之间,是联系城乡的桥梁和纽带。实际上,在我国现阶段农村正在急剧分化的背景下,农村不是一个稳定的概念。农村不仅居住农民,也不仅有农业一个产业,还有许多非农民和非农产业存在。加之我国现在普遍实行"市管县"体制,农村与城市的关系复杂化、模糊化,很多地方很难将农村与城市完全分开。①

由于"农村"概念内涵的不确定性、不稳定性,目前还无法形成一个为所有

---

① 李佐军.中国的根本问题:九亿农民何处去[M].北京:中国发展出版社,2000.

人普遍认可的关于农村的定义。这就为人们根据自己的利益诉求去选择性地理解农村的外延预留了较大空间。

(二) 不同群体在新农村建设中的利益诉求不同

由于社会的急剧分化,利益主体日渐多元化。在一项战略和政策的制定、实施过程中,不同群体必然有着不同的利益诉求。对于新农村建设这项重大战略决策的实施,农民、官员、学者三个群体的利益诉求是有较大差异的。利益诉求的差异,使得他们对新农村建设实施空间的理解具有明显的选择性。

农民既是新农村建设的主体力量,又是直接受益者。在新农村建设过程中,农民出于自身利益的考虑,最关心自己所在村庄的建设和发展问题。因为村庄建设和发展对农民生产、生活条件的改善是直接的,这是看得见、摸得着的利益。而农民这个群体是比较现实的、实在的,他们一般不愿意超出本村庄的范围去考虑更大范围的问题。所以,农民视角中的新农村建设实施空间就是村庄,并且是具体的村庄,他们生于斯、长于斯的村庄。正如调查结果所显示的,有高达88.8%的农民将新农村建设的实施空间定位为村庄。在农民看来,"城镇尽管比真正的城市小,但怎么也不能把它算作农村。"因此,调查结果显示,没有一个农民将城镇纳入新农村建设的范畴。不过,对于"乡"与"镇"的区别,以及乡人民政府所在地为什么不能称之为城镇(即建制镇),农民有点弄不明白。他们一般认为"那只是叫法不同"。此外,调查中还有11.2%的农民将集镇也纳入新农村建设的范畴。进一步访谈发现,这部分农民的家就住在集镇上,或者离集镇很近,在集镇上都做着点小买卖。虽然他们从事的主要是非农产业,但他们认为自己依然是农民,自己生活的地方依然叫农村。

政府是新农村建设的主导力量,官员是重要利益相关者。在新农村建设过程中,官员期望通过政绩的诉求以实现自己地位升迁。从县、乡两级地方政府来讲,抓"三农"工作风险大、见效慢、麻烦多,短期内很难抓出政绩,于是"三农"问题事实上处在被边缘化状态。但官员们并非铁板一块,政府不同部门官员具有不同的利益诉求和政治诉求。本节为了便于分析,将政府官员分为农口官员和非农口官员。农口官员主要包括县、乡分管农业的领导和县农委官员以及政府各部门(如教育局、文化局、卫生局、劳动社保局)中分管农村事务的官员。本次问卷调查的对象基本上是农口官员。很显然,中央将"三农"工作提到"重中之重"位置,尤其是大力推进新农村建设,对于农口官员来说,为他们实现自身政绩诉求提供了难得机遇。农口官员出于自身职责和政绩考虑,自然最关心农村这一块工作。当被问到如何界定新农村建设的实施空间时,他们大多认为除了村庄外,还应该包括集镇,而城镇不在此之列。正如调查结果所显示的,有高达85%的官员将新农村建设的实施空间定位为村庄+集镇。至于其中的原因,有很多官员在接受访谈时说:"村庄和集镇建设属于新农村建设问题,城镇建设属于城市化问题。"有的官员还补充说:"上面的人到下面来考察新农村建设,我们总不能带他们到城镇上去转悠吧。"不过,还有15%的官员将城镇也纳入新农村建设的范畴。对此,这部分官员的解释是,"除了县城外,很多城镇和集镇其实差不多",或者"县以下其实都是农村"。这部分官员当然也有自己的利益诉求,不过他们看问题可能更为实际。

学者也是新农村建设的参与者,不过其参与的方式有些特别。学者作为知识生产者,对世界的解释都有一套"话语体系",而话语的作用是不可小视的。话语必然会对人们的观念产生影响,并且通过这种影响来改变受其影响的人们的行为。对于新农村建设,学者在解释中也会形成一套"话语体系"。这套"话语体系"对新农村建设过程中农民的行为选择、官员的决策活动都会产生潜移默化的影响。当然,学者并不期望也无法从其所施加的影响中获取什么实际利益。如果说有什么利益的话,那也只能是学术上的。其实,学者的本分是"解释世界",追求的主要是学理性价值。因此,尽管我们不能说学者是新农村建设的利益无关者,但他们的确是新农村建设的利益超脱者。学者所处的这一特殊地位,使得他们能够超脱一些具体利益而以更宽广的视野来定位新农村建设的实施空间。学者们倾向于认为,农村是一个区域概念,是包括了村庄、集镇和城镇在内的广大县域范围,因此城镇也应纳入新农村建设的范畴。正如很多学者所指出的,"城镇是城市之尾,农村之首。建设新农村不能忽视作为农村之首的城镇的建设"。所以,我们看到的调查结果是,有高达96.3%的学者将新农村建设的实施空间定位于村庄+集镇+城镇。

(三) 不同群体的知识结构不同

人们如何定位新农村建设实施空间,除了受其利益诉求影响外,还要受到自身知识结构的制约。亦即,不同群体对新农村建设实施空间的理解不同,不完全是主观上的利益诉求使然,客观上的知识结构差异也是一个重要的解释变量。这是因为,人们对问题的理解是以其既定的知识背景为基础的。知识背景不同,观察问题的视角进而视野就不同。

不同群体知识结构出现差异的主要原因,一是由于职业的不同以及与此相关的社会交往"圈子"的不同;二是由于文化程度的差异以及由此所导致的学习意愿和能力的差异。根据本次调查所采集数据,不同群体的文化程度状况分布如表3.3所示。

表3.3 不同群体的文化程度状况分布

人群	小学以下		初中		高中(中专)		大专		本科以上	
	人数(人)	比例	人数(人)	比例	人数(人)	比例	人数(人)	比例	人数(人)	比例
农民	32	40.0%	41	51.3%	7	8.7%	0	0	0	0
官员	0	0	8	10.0%	17	21.3%	39	48.7%	16	20.0%
学者	0	0	0	0	4	5.0%	14	17.5%	62	77.5%

在我国,农民普遍受教育的年限较短,其知识结构单一,知识储量贫薄,知识内容老化。尽管随着农村的改革与开放,村落与外部世界联系日益增加,农民自身也在加速分化,如分化为种田农民、失地农民和进城农民等,但农民作为一个整体,知识结构尚未得到根本改善。尤其是本次访谈的主要对象——种田农民,受过高中以上教育的只占8.7%,其知识结构中的最基本要素仍是习惯和经验知识。这种知识基本上是通过世代相传和生产、生活实践而获得。作为一个小农经济状态下的农民,他们一家一户地在小块土地上劳作,他们的衣食住行、生老病死等基本活动,大多局限于村落之中。所以,这部分农民不太可能超出其所生活的具体村庄去理解新农村建设的实施空间。用他们自己的话来说,"建设新农村,就是要把我们村子建设好"。

县、乡政府农口官员受过高中以上教育的占90%,文化程度相对较高。但是,由于这些官员长期在基层工作,往往都疏于学习理论知识,他们知识结构中的最基本要素是政策和法规知识。这种知识基本上可以通过学习文件、参加培训而获得。作为农村基层官员,其工作环境对他的基本要求是领会上级政策精神,并率领部属完成既定的任务。因此,对他们来说,最实用的是程序化的办事经验,最重要的是体会政策法规的能力和人际沟通能力。由于中央在做出新农村建设这项重大战略决策时,并没有明确界定其实施空间,农村基层官员只能依据其他相关政策、文件进行解读。这些政策、文件就是前面已经提及的国家统计局"市镇总人口"统计指标和《中华人民共和国城市规划法》中的解释。所以,农村基层官员就倾向于将村庄和集镇界定为新农村建设的实施范畴。

学者受教育年限普遍较长,本科以上文化程度的比例达到 77.5%。在学者的知识结构中,最基本的要素是理论知识和历史知识。如前所述,学者的本分是"解释世界",进而形成一套"话语体系"。要使这套"话语体系"具有很强的解释力,就需要达成逻辑与历史的一致。这就对学者的知识结构提出了要求,即必须具有扎实的理论基础和深厚的历史感。学者的理论知识和历史知识一般都要经过长期的学术积累和训练才能获得。由于知识结构的特点,学者在定位新农村建设的实施空间时,一般能超越农民的经验性理解和官员的政策性解读,而从学理的深度和历史的高度来思考问题。在学理层面,学者们需要思考的问题是,将城镇纳入新农村建设的实施范畴,是有利于还是不利于推进新农村建设?回答是肯定的,因为这不仅可以在更大区域范围内统筹各种资源的配置,提高资源的配置效率,而且能更好地发挥城镇对农村的带动作用。从历史层面,学者们认识到,城镇脱胎于村庄,它与村庄有着切割不断的联系。如果将城镇排斥在新农村建设范畴之外,势必人为阻断村庄与城镇的互动,结果是两受其害。

三、结论与政策建议

(一) 结论

高比例的农民将新农村建设实施空间界定为村庄,高比例的官员将其界定为村庄+集镇,高比例的学者将其界定为村庄+集镇+城镇。这表明,对新农村建设实施空间的界定,在同一群体内部,尽管理解并不完全一致,但呈现出明显的趋同性;而在不同群体之间,尽管理解有相互重叠之处,但呈现出明显的趋异性。

不同群体对新农村建设实施空间的界定,不仅受到"农村"概念内涵的不确定性、不稳定性的影响,而且与不同群体主观上的利益诉求和客观上的知识结构有直接关系。在新农村建设中,农民的基本利益诉求是改善自己的生产、生活条件。这样的利益诉求,加之知识结构的单一、封闭,决定了农民一般不愿意也不太可能超出其所生活的具体村庄去理解新农村建设的实施空间。因而,农民群体中的绝大部分认为新农村建设实施空间是村庄。在新农村建设中,官员的基本利益诉求是彰显政绩、提升形象。这样的利益诉求,加之偏重政策和法规的知识结构,使官员倾向于从自身的职责范围去解读新农村建设的实施空间。所以,官员群体中的绝大部分认为新农村建设实施空间是村庄＋集镇。学者在新农村建设中没有直接的利益诉求,有的只是对学理性价值的追求。这样的价值追求,加上相对合理的知识结构,使学者能超越农民和官员的局限性,以更宏大的视野来思考新农村建设的实施空间。所以,学者群体中的绝大部分认为新农村建设实施空间是村庄＋集镇＋城镇。

应该指出,在每一个群体内部,对新农村建设实施空间的界定或多或少还存在一些例外。这些例外的存在,或者是因为群体内部正在发生分化,利益诉求出现了不一致,或者是因为群体内部知识结构的不尽相同,认知能力本来就互有差异。

(二) 政策建议

第一,新农村建设要充分尊重不同群体的利益诉求与期待。新农村建设涉及许多利益相关者,或者说利益群体,如农民、政府官员、学者、企业和社会组织等。在各个群体之间,存在着对新农村建设的完成时间、实施空间和建设内容等方面的不同预期和看法。本节主要论及农民、官员、学者这三个群体对新农村建设实施空间的理解。应该承认,在新农村建设过程中,农民要求改善自己的生产、生活条件,官员期望通过政绩的诉求以实现自己地位升迁,学者追求学理性价值,都无可厚非,因为人都是理性的。也正是有了这样的利益诉求,新农村建设才能获得源源不断的动力。在这个背景下,新农村建设在实施过程中必须考虑到不同群体的利益诉求,努力寻求各方利益均衡。只有这样,才能将农民的主体作用、官员(政府)的主导作用和学者的智囊作用有效整合起来,形成合力推进新农村建设。

第二,新农村建设要着眼于村庄建设又不局限于村庄建设。尽管不同群体在新农村建设中的利益诉求必须得到尊重,但同时要看到,农民和官员作为新农村建设的直接利益相关者及其知识结构的缺失,使其对新农村建设实施空间的理解确实有其局限性。而学者所处的相对超然地位及其知识结构的优势,使得他们对新农村建设的空间定位,更符合农村的发展方向和农民的长远利益。如果说农民和官员看重"建"的结果,学者则看重"建"的过程。从"建"的结果看,新农村建设的着眼点、落脚点要放在"村庄",但从"建"的过程看,又不能就"村庄"建"村庄",而要从村庄之外去寻求加快村庄建设的途径。因此,应该将村庄、集镇和城镇同时纳入新农村建设的范畴,在更大的空间范围内来统筹各项资源建设新农村。

第三,新农村建设要发挥好城镇的带动作用。将城镇(包括集镇)纳入新农村建设的范畴,主要是希望城镇能在新农村建设中发挥带动作用。实际上,城镇化与新农村建设不是互为拖累、相互否定的关系,而是互为补充、相互促进的。[①] 城镇发展起来后,一方面,可以促进农村工业在空间上的集聚,促进农村人口就地、就近转移,从而为农业规模化经营创造必要的条件;另一方面,还可以通过城镇公共品向村庄延伸,城镇文明向村庄渗透,城镇市场半径向村庄扩展,促进村庄的建设和发展。所以,在新农村建设中要加快发展城镇,要把城市化的重心下移,从过度注重人口向大中城市流动,转向重点发展中小城镇。同时,又不能为了发展城镇而发展城镇,而要通过建立适当的机制引导城镇带动村庄。

第三节　美丽乡村建设中的村庄规划

村庄是美丽乡村建设的着眼点和落脚点。无论是农村基础设施建设、公共服务供给,还是农村生态环境保护、村庄整治,都要严格依据村庄规划进行。在美丽乡村建设中,必须坚持规划先行,充分发挥村庄规划的指导与调控作用。

一、村庄规划在美丽乡村建设中的先行地位

加强村庄建设与治理,改善农村人居环境,是美丽乡村建设的重要内容。改革开放以来,随着农村经济发展和农民收入提高,各地村庄建设步伐明显加快。但与此同时,由于村庄规划严重缺失,"富建设、穷规划,有建设、无规划,有新房、无新村"的现象相当普遍。农村建房随意性大,或在自家承包的耕地上建房,或沿交通干道建设,或在老宅基地随意翻建,导致居民点长期处于散、乱、

---

① 潘锦云,杨国才.新农村建设拖累了工业化和城市化吗[J].经济学家,2007(4):83-87.

小,配套滞后,环境不佳状况。房屋式样更是五花八门,高度参差不齐,朝向杂乱无章。一户多宅、空房户、宅基地过大现象比比皆是。可以说,当前村庄建设存在的诸多突出问题,均是村庄建设规划缺失的结果。

村庄规划就其内容来说,主要包括村庄布点规划、建设规划和整治规划。它与农村产业发展规划、基础设施建设规划、社会事业发展规划等,共同构成完整的新农村建设规划体系。在这个体系中,村庄规划又居于龙头地位,是制订并实施其他规划的前提和依托。为了实现村容整洁的目标,同时也为了促进土地的集约利用,提高资金的投资效益,在美丽乡村建设中必须坚持规划先行,充分发挥村庄规划对村庄布局和建设的指导与调控作用。

二、村庄规划的公共品属性

对于村庄规划在美丽乡村建设中的龙头地位,现在人们的思想认识比较一致。但对于村庄规划职能究竟由谁来履行,村庄规划经费究竟由谁来承担,人们在政策实践上还比较茫然。究其原因,主要是由于人们对村庄规划的产品属性,在理论认识上还比较模糊。从经济学角度看,村庄规划是用于满足农村公共需要,具有很强外部效应,在消费上具有非竞争性与非排他性的一种典型的农村公共产品。村庄规划作为农村公共品,具有如下特点:

(一)按其在消费过程中的性质,村庄规划属于纯农村公共品

纯农村公共品是指具有完全的非竞争性与非排他性特征的农村公共品。村庄规划之所以是纯农村公共品,这是因为:第一,村庄规划在消费过程中具有完全的非竞争性。比如,农户A对村庄规划的消费,不会减少或不会干扰农户B对它的消费,市场机制无法通过利益竞争对它起到很好的调节作用。第二,村庄规划在消费过程中具有完全的非排他性。原因在于,增加村庄规划的消费人数的边际费用为零,没有必要也没有可能阻止其他人消费村庄规划。

(二)按其受益范围,村庄规划一般属于地域性农村公共品

村庄规划作为一种农村公共品,其受益范围具有明显的地域性特征。根据受益范围的大小,村庄规划可以分为不同的层次,如村落范围内的村庄规划、乡镇范围内的村庄规划、县域范围内的村庄规划等。不过,就某一具体村庄规划

而言,其受益范围可能随外部效应的产生而不断扩大,甚至波及全社会。

(三) 按其供给的优先顺序,村庄规划属于必须优先保证供给的农村公共品

在美丽乡村建设的背景下,在众多的农村公共品选项中,村庄规划具有优先性。这是因为,农村基础设施、社会事业等其他公共品对村庄规划存在强烈的依赖性,即其他农村公共品的供给要以村庄规划为依据。否则,对其他农村公共品的投资就不可避免地带有盲目性、短视性和浪费性。

(四) 按其受益对象,村庄规划属于公众和政府共享型农村公共品

只要是在农村范围内活动,无论是公众(包括农户、企事业单位),还是政府部门,都要受到村庄规划带来的外部效应的影响和约束。比如,农户建房,工厂布点,学校建设,政府修路,一方面都能享受到村庄规划的好处,另一方面又都要接受村庄规划的制约。

三、村庄规划的政策取向

基于村庄规划作为农村公共品所具有的特点及其在美丽乡村建设中的龙头地位,在实践中必须坚持以下政策取向:

(一) 村庄规划的主体是各级政府

村庄规划是一种纯农村公共品,意味着竞争性的市场不可能达到其帕累托最优产量,因此村庄规划的职能应该由各级政府在尊重农民意愿基础上来履行;同时,村庄规划是涉及农村产业发展、基础设施建设、教育医疗卫生等社会事业发展、环境与传统文化保护的综合规划,必须由政府统筹协调,才能一揽子解决。但实际上,很多地方在美丽乡村建设中,村庄规划职能往往被政府转嫁给村级组织和农户来承担。这一方面影响到村庄规划的科学性、权威性,另一方面也加重了农村基层组织和农民的负担,甚至造成新一轮规划的落空。

(二) 村庄规划的政府职能要合理分工

从理论上讲,村庄规划是以地域性农村公共品的形式存在的,由此决定了县、乡政府在提供村庄规划中的主导地位,如县域村庄布点规划应由县级政府

提供,村庄建设整治规划与行动计划应由乡镇政府提供(村级组织可适当参与)。问题在于,在广大中西部地区甚至东部部分地区,县、乡财源严重不足,村集体经济普遍薄弱,完全靠县、乡政府和村级组织来履行村庄规划职能就面临较大的资金困难。但村庄规划同农村义务教育一样,解决不好就具有很强的外部负效应,如农村的人禽、人畜混居,垃圾乱堆乱放,一旦发生禽流感和其他公共卫生事件,可能对本就薄弱的农村公共卫生体系形成严峻挑战,甚至是毁灭性破坏,进而殃及整个社会。因此,中央、省、市三级政府要把村庄规划放到重要的战略地位予以高度重视,承担起村庄规划的更多责任,并给予切实有效的人力、财力保障。

(三) 村庄规划的经费要优先安排

美丽乡村建设需要政府投入大量资金,为农村提供更多的公共产品和服务,但政府的财力毕竟是有限的,因此,在资金安排上必须区分轻重缓急。由于村庄规划属于必须优先保证供给的农村公共品,相应地,村庄规划的经费也要优先安排,尤其要对落后地区的村庄规划编制给予资金上的全力支持。建议各级财政对美丽乡村建设的投入要优先保证村庄规划经费的落实,国家用于生态建设、环境治理的投入中也应拿出一部分用于村庄规划和农村环境治理。实践中,一些地方将村庄规划经费纳入财政预算,为村庄规划的及时编制提供了可靠的资金保障,这种做法值得推广。

(四) 村庄规划的编制有赖社会力量的参与

各级规划部门和建筑规划类院校的规划设计人员与广大师生,要充分认识到村庄规划的公共产品性质,要自觉意识到它节约土地、保护生态、传承文化的特殊功能,要站在农村是我们大家生活的公共花园绿地、共同的田园景观的认识高度,站在为自己提升社会形象、拓展发展空间、真正实现双赢的角度,积极参与村庄规划的编制,且对其要少收费、低收费。有关社会力量要把参与村庄规划编制作为自身响应中央"以工促农、以城带乡"的号召,积极参加美丽乡村建设的重要责任和义务来承担,精心设计,认真组织,以期在美丽乡村建设中留下关爱农村、惠及社会、经得起历史检验的杰作。

(五) 村庄规划的实施要严肃认真

村庄规划编制出来后,要真正发挥它对村庄布局和建设的指导和调控作用,就必须确保它能落到实处。不仅农民要严格按规划建房,企事业单位要严格按规划布点,各级政府、村级组织对美丽乡村建设的投入,如对农村基础设施和社会事业的投入,也要按村庄规划去进行。只有所有的公民严格按村庄规划办事,政府、村级组织严格依村庄规划行政,才能实现村庄的合理布局、有序建设,才能建设出生产发展、生活宽裕、村容整洁的美丽乡村。

第四章 农村人力资本反哺与新型农民培育

新型农民是新农村建设的主体,是现代农业的生力军。所以,培育新型农民,就成为破解"三农"问题的重要着力点。而培育新型农民,根本途径是加强农村人力资本投资,大力发展农村教育和卫生事业。为此,在中国工农关系演进到工业反哺农业阶段的当下,必须将农村教育和卫生作为工业反哺农业的优先选项。

第一节 教育和健康投资与新型农民培育

新型农民不仅要有较高的科技文化素质、思想道德素质和经营管理素质,而且要具备较好的身体素质。目前,我国农民整体素质还不高,离新型农民的要求还有较大的差距,亟待加大农民教育和健康投资力度。

一、新型农民内涵的拓展及其素质要求

所谓新型农民,是相对于传统农民而言的,对于其内涵的界定,无论是从理论层面,或是从政策层面上均已得到充分论证,并达成共识。根据2006年中共中央、国务院出台的《关于推进社会主义新农村建设的若干意见》,有文化、懂技术、会经营已应是新型农民的典型特征。要求农民"有文化",就是要能说会写、自主自强、崇尚科学、诚信友爱、知法守法等;"懂技术",就是具有较高的技术素质,熟练掌握一到多项生产技能和技巧;"会经营",就是具有一定的经营和管理能力,能合理配置人、财、物等各种经济资源,组织生产和参与市场活动,获得高

的经济效益。

上述对新型农民内涵的界定基本上是从实践的角度所做的分析,比较容易为人们所理解,也易于操作。但这种界定侧重于农民的科技文化素质、思想道德素质和经营管理素质,而没有对其身体素质提出明确要求。

所谓身体素质,是劳动者体格和精力的统称。身体素质是人的劳动能力的基础,直接反映了人体从事某项工作的能力,反映了身体承受负荷的状态。不同的职业对劳动者的身体素质会有具体不同的要求。我国大部分农民的职业是从事农业生产,而且主要是种植业生产。农业生产劳动的一个突出特点是,其中有较多的属于体力劳动,大部分工作需要在野外进行,条件相对简陋,工作时间较长,而且农业劳动者在农忙季节往往需要加班加点、超负荷劳动。因此农业劳动者的身体健康水平对于生产效率影响极大,同时又影响着其自身的心理健康。此外,为了应对愈来愈激烈的市场竞争,农民也需要具有健康的体魄。

农民即便脱离了农业生产而进城务工,良好的身体素质仍然是重要前提。目前,农民工就业的主要行业集中在制造业、建筑业和服务业。制造业、建筑业的劳动强度大,体力消耗大,要求农民工必须有一个健康的身体,保持旺盛的精力,才能胜任各项工作。而服务业,尤其是餐饮业,对从业人员的健康状况也有较高要求。实际上,城市用人单位在招工时,都要求有良好的身体素质,如果找工作的农民身体不健康,常常会被拒之门外。

二、我国农民素质现状

农民的科学文化素质偏低。根据中国科协发布的第九次中国公民科学素质调查结果,从2010年到2015年,城镇居民的科学素质水平从4.86%提升到9.72%,而农村居民仅从1.83%提高到2.43%;城镇劳动者的科学素质水平从4.79%提升到8.24%,农民的科学素质水平仅由1.51%提升至1.70%。由此可见,农村居民、劳动者的科学素质水平与同期城镇居民、劳动者相比,差距在进一步拉大。

农民思想道德素质不高,主要表现为:传统小农经济思想的影响还广泛存在,封建迷信思想还有很大市场,愚昧落后的消费观念还比较根深蒂固,法律意识还比较淡薄,道德素质还相对滞后。

农民的经营管理能力较弱。也就是说,农民经营管理素质远远不能适应市场经济和农业现代化发展的需要,具体表现为经营管理知识缺乏、市场竞争意识薄弱、信息比较闭塞、创业创新意识欠缺。

农民的身体素质堪忧,主要表现为:卫生知识贫乏,长期膳食结构不均衡,没有形成良好的生活习惯,生活方式不科学,医疗保障水平偏低,缺医少药,因病致贫、因病返贫的现象较为普遍。

三、加大农民教育和健康投资是培育新型农民的根本途径

培育新型农民,根本在于提升农村教育和卫生的水平。人力资本理论体系的奠基人经济学家舒尔茨认为:决定人类前途的并不是空间、土地和自然资源,而是人口素质、技能和知识水平。[①] 他将人力资本的因素极大地突出出来。而发展教育、卫生是对人力资本的最大投资。教育、卫生的作用远远超过被看作是实际价值的建筑、设施等物质的资本。发展经济学的研究成果也表明,人力资本在经济发展中具有十分重要的作用。对于发展中国家来说,相对于物质资本而言,尤其要高度重视人力资本。经济的持续发展,必须以人力资源的充分利用和改善为前提,而人力资源的利用与改善又必须通过多种形式的教育和卫生事业发展才能实现。对于我国而言,解决"三农问题",推动新农村建设,最核心、最关键、最直接的因素,是通过加大对农村教育、卫生的投入,努力塑造新时代的新型农民。

第二节 教育和卫生是工业反哺农业的优先选项

教育、医疗卫生、基础设施、技术开发、粮食价格支持、直接补贴等,都是政府主导下的工业反哺农业的选项,但基于政府反哺财力的有限性,教育、卫生是具有很高投资收益率的准公共品,以及国外工业反哺农业路径选择的理论与经验,必须将教育和卫生反哺作为工业反哺农业的着力点,予以优先考虑。

一、政府反哺财力的有限性

世界各国工业化进程的一般规律是,工业化步入中后期,为了加快传统农

[①] 舒尔茨.论人力资本投资[M].北京:北京经济学院出版社,1991.

业的现代化改造,实现工农两大产业协调发展,均要对农业进行多方面的反哺。工业反哺农业有两种方式:一是工业直接反哺农业,即工业或工业企业从利润中提取资金直接用于对农业的扶持;二是通过政府间接反哺农业,即国家运用公共权力,汲取工业剩余,投入农业领域以促进农业发展。综观发达国家的实践,市场经济中工业对农业的利益回报更多采取的是间接反哺方式,即工业以上交税收的方式增加政府收入,再由政府运用财政支出从多方面支持农业发展。经由政府的工业反哺农业主要是通过以下路径来实现的:政府人力资本投资重点转向农村,以提升农业劳动者素质;政府基础设施投资向农村倾斜,以改善农业生产条件;政府鼓励农业科技研究开发,以提高农业技术含量;政府实施农业价格支持政策,以确保农民稳定增收。① 中国大约于 20 世纪 90 年代中期开始进入工业化中后期,与此同时,也就初步具备了工业反哺农业的能力。但相对于农业发展对财政投入的巨大需求而言,政府用于反哺农业的财力毕竟有限。为了使政府对农业有限的财政投入发挥更大作用,工业反哺农业就存在一个路径选择问题。路径的选择,应该着眼于能对农业发展产生长期效应的方面,而不是短期内农民的增收。相比工业反哺农业的其他路径而言,加强对农村人力资本的投资,由于提高了农村自我发展能力,因而是最能对农业发展产生长久支撑作用的方面。其中,教育和卫生又是工业反哺农业的核心内容,这两个方面应该成为当下工业剩余输入农业的主要领域。

二、教育和卫生是具有很高投资收益率的准公共品

人力资本是通过花费一定资源而投资于人自身的、最终凝结于人自身的一定技能、体能、知识和认识水平的总和。它包括体力和智力两个方面,劳动者由于先天因素和生活环境的影响,具有不同的身高、体重和健康状况,与其营养的摄入量、锻炼和健康护理一同构成人力资本的体力因素;其天资禀赋、受教育程度、好学精神和工作经历则构成人力资本的智力因素。人力资本的投资是指所有用于增加人的资源并影响其未来货币收入和消费的所有投资。舒尔茨认为,人力资本投资的形式包括教育、在职培训以及提高健康水平。② 由于劳动者的技术水平、受教育训练程度、读写能力和身体素质决定了其劳动的边际产出,所

---

① 杨国才,潘锦云."以工哺农""以工促农"与我国传统农业现代化[J].经济学家,2008(3):49-55.
② 舒尔茨.改造传统农业[M].梁小民,译.北京:商务印书馆,1999.

以，人力资本是一种高收益率的资本，是经济增长和生产发展的主要因素。因此，为了促进经济发展，投资于人力资本比投资于物质资本更重要。

根据经济学中的公共品理论，教育尽管不是纯公共品，但却具有极大的溢出效应，因而政府需要采取准公共品供给模式来加以提供。国际上通行的做法是，政府对溢出效应最大的基础教育应该予以全额资助，即实行免费的义务教育。即使是不属于义务教育范畴的高等教育，由于也存在一定的溢出效应，政府仍不能把它简单地推向市场，而要把它纳入到公共服务中来。具体到农业部门，依据舒尔茨的观点，改造传统农业的关键是引进新的现代农业生产要素，而农业引进现代生产要素，既需要一大批现代农业科技人员，又需要大量具有现代科技文化水平的农民。前者是现代农业生产要素的供给者，后者是现代农业生产要素的需求者。无论是培养现代农业科技人员的教育，还是培养现代农业生产经营者的教育，都有着巨大的溢出效应，因而都是重要的准公共品。也因此，在政府决定如何实施工业反哺农业的公共决策中，发展面向农业和服务农民的教育应该成为优先考虑的选项。

舒尔茨还认为，为提高健康水平而进行的保健投资，不仅是人力资本投资的一种重要形式，而且能增加其他形式的人力资本投资，尤其是教育投资的收益率。这是因为，农民预期寿命是决定教育投资收益率的一个重要变量。在其他条件相等时，预期寿命越长，教育投资收益率越高。实际上，能使人的生产性生命增加5年、10年或更多年的保健水平的提高都大幅度地增加了其他任何一项人力资本投资的收益率。[1]

三、国外工业反哺农业路径选择的理论与经验

美国著名经济学家斯蒂格利茨认为，经济发展应该遵循一定的发展次序。经济发展次序是指优先发展原则及优先发展内容的确定，因为任何发展都存在资源和能力的约束——贫穷国家尤其如此。所以我们必须决定优先发展什么，特别地，任何发展都要注意区分市场、政府、社会行为及国际机构各自可以带来规模效益的领域，以及缺少必要干预将产生灾难性后果的领域。斯蒂格利茨曾简要地描述了经济发展应该优先发展的部分：第一层次：教育和健康。斯蒂格利茨认为，教育是最应该优先发展的，没有教育一国就不可能获得发展，不可能

---

[1] 舒尔茨.改造传统农业[M].梁小民，译.北京：商务印书馆，1999.

吸引和建立现代产业,不可能使农业部门尽快利用不断发展的新技术,因此,教育是发展的核心。另外,一个不健康的人不会是一个有效的劳动力,而且基本的健康保证被认为是基本的人权,因此,提高健康水平是整体发展战略中不可或缺的一部分。第二层次:知识、技术和基础设施。斯蒂格利茨认为,知识像教育一样可以丰富人的精神生活,而且知识像教育和健康一样能够造就一个更高效的社会,知识的力量是无穷的,知识增长了,有限的资源可以使产出翻倍增加。另外,经济的长期增长有赖于技术的持续创新。第三层次:基础设施。特别是产权保护、通信和交通对现代社会的商业运作是至关重要的,因为这样可以促进发展中国家从二元经济向一元经济的过渡并减轻这些国家农村居民与世隔绝的孤独感。①

依据斯蒂格利茨经济发展次序理论,农业与农村经济发展也应遵循一定的次序。从美国、德国、日本等发达国家和地区工业反哺农业的过程来看,工业反哺农业存在一定的路径选择,也就是工业剩余输入农业领域总是要反映农业发展在不同时期不同的但最为迫切的或者说是带有战略性的需要。在发达国家实施工业反哺农业政策以后,优先考虑的是教育、医疗卫生、技术开发、粮食产量价格支持;其次是农村基础设施建设;后来,随着粮食保护价收购等价格支持政策的弱点日渐显现,才将价格支持政策转为对农业的直接补贴政策。由此可以看出,发达国家工业反哺农业最先关注农村人力资本的增长以及农产品价格维持;其次是创造农户成为市场主体的各种条件以及农村经济增长的物质基础;最后才是如何确保农民收入,防止城乡差距过大,并刺激农村社会的消费。②综观发达国家农业现代化的实践,美、德、日各国虽因农业生产条件的不同,选择了不同的发展模式和途径,但它们无不在农业现代化初期,高度重视工业对农业的教育和卫生反哺——这是可资我们借鉴的一条重要成功经验。

第三节　反哺农村教育、卫生的政策取向

针对中国农村教育和医疗卫生的现状与问题,借鉴发达国家工业对农业实

---

① 约瑟夫·斯蒂格利茨.走向一种新的发展范式[J].经济社会体制比较,2005(1):1-12.
② 曾祥炎.工业反哺农业应遵循农村经济发展次序[J].南华大学学报(社会科学版),2005(4):15-18.

施教育、卫生反哺的成功经验,政府应该着眼于农业现代化和新农村建设的长远目标,在推进工业对农业的反哺过程中,着力加大对农村教育、卫生反哺力度,并选择恰当的反哺路径。

一、着力推进对农村的教育反哺

(一)价值层面上要扭转农村教育的"离农"倾向

目前,全社会已经形成了通过均衡城乡教育资源来促进农村教育发展的共识。可是仅仅这样做是远远不够的,农村教育发展上去了,但如果这种教育是离农的,而不是为农的,则它对农业现代化和新农村建设的支撑作用就会大大弱化。因此,在促进农村教育发展的同时,还须关注其价值取向。然而,由于长期以来"跳出农门"的教育观一直支配着人们的教育行为,加之工业与农业、城市与农村存在的巨大差距,造成农村教育(尤其是基础教育)在价值取向上发生明显偏差。无论是教育目标还是教育内容,都存在严重的"离农"倾向。

克服农村教育的"离农"倾向,从根本上讲,必须缩小工农、城乡差别。如此,才能转变人们传统的"跳出农门"的教育观,才能用正确的思想来谋划农村教育发展,也才能从根本上改变以往"城市取向"的大一统教育模式,纠正人们教育行为上的"离农"倾向。具体而言,必须从以下几个方面着手,以期形成合力推进农村教育事业的良性发展:克服教育资源过分向城镇倾斜的倾向,加大对农村教育的财政支持;农村教育在目标上要树立为"三农"服务的理念,大力倡导爱农教育;农村教育在内容设计上要渗透更多农业生产和农村建设的相关知识、信息与观念。

关于农村教育的"离农"倾向及其克服问题,本章第四节将有更具体而深入的阐述。

(二)制度层面上要弥补涉农教育立法和政策缺失

为了保障涉农教育发展所必需的人力、物力和财力,发达国家一般在教育立法与政策制定方面都有一系列的制度化规定。中国农村有 1.5 亿名中、小学生在接受基础教育,还有 4.5 亿名农村劳动力需要接受各种形式的职业教育和培训。对于这样一个庞大的教育群体,目前中国还没有一部完整的、专门的法律来保障他们的教育,仅有与之相关的"职业教育法""民办教育促进法"。相关立法的缺失,导致了管理体制不顺、政策不连贯、经费不足、师资力量薄弱、基础设施落后和服务体系不完善。

涉农教育事业是公益性、基础性事业,需要各级政府的重视和支持。为保证涉农教育的畅通运行,营造一个良好、有序的涉农教育发展环境,应加速专项教育立法工作,尤其要尽早出台《农村义务教育法》《农民教育法》《农民技能培训法》等专门的教育培训法规。此外,还要建立政策扶持机制。具体政策包括:合理调整农村学校布局,优化教育资源配置;提高农村教师待遇,加强师资队伍建设;规范农村学校收费,减轻农民的教育负担;整合农村各种教育资源,发展农村职业教育和成人教育;加大教育"以城带乡"力度,促进城乡教育均衡发展,等等。

(三) 操作层面上要构建完善的涉农教育体系

完善的涉农教育体系应该包括农村基础教育、农民职业教育、农业专业教育、农民工职前教育等几个方面。农村基础教育是农村人力资本形成的最主要、最有效的途径,对农村人口整体素质的提高将产生深远的影响。农民职业教育旨在提高农民的职业素质,内容涉及农村生产及生活实用科技和社会政策教育、实用技能培训和知识更新。农业专业教育的功能是培养和造就农业科技人才,这从根本上决定了农业科技研究、开发与推广的水平。农民工接受职前教育,可以提高农民的非农就业能力,使其更快地转变为合格的产业工人,这对于加速农村剩余劳动力转移,创造农业规模化经营的前提具有重要意义。

就农村基础教育来说,基于"分税制"下县级财政普遍恶化的现实,让"县"担起农村义务教育的重任显得力不从心,应该将承担农村义务教育的政府层级逐步上移到"省"乃至"中央",这样才能从根本上保障农村义务教育的健康发展。

就农民职业教育与培训来说,应把农民职业技能教育纳入国家总体教育规划,把发展中等职业学校的重点放在农村;对完成义务教育后的青年农民进行分业教育,开展新型农民科技培训和农村实用人才培训;加强农业职业技能鉴定体系建设,逐步建立农业经营资格认定制度;完善职业农民培训补贴制度,增加资金投入,提高补助标准。

就农业专业教育来说,当前最为迫切的是,必须使涉农专业招生有根本好转。为此,不仅要真正提高农业科技工作人员的待遇,国家还可以考虑像师范生免费教育一样,将一部分非常紧缺、现代农业发展所急需的专业拿出来进行免费教育,或者加大学费减免力度,同时还要出台一些优惠政策支持涉农专业毕业生到农村创办现代农业企业。

就农民工职前教育来说,政府、用人单位、教育培训机构与农民工4个方面要形成合力来共同推进:政府要将农民工纳入公共就业服务范围,加大财政投入,还要加强政策引导、组织协调;用人单位要按照国家有关法律规定提取和使用职业培训经费,根据企业和农民工的实际需求,有计划地开展职业培训;各类职业、技工学校及社会办学机构拥有不少的教学资源和长期积累的教育培训经验,它们在培训农民工方面有得天独厚的优势,政府要把这部分社会资源整合好、利用好;农民工接受教育培训的积极性和主动性必须被调动起来,要鼓励他们考取上岗证、职业资格证,获取劳动准入资格,并建立技术等级管理机制,将技术等级与劳动报酬挂钩,以激励农民工主动参与培训。

二、着力推进对农村的卫生反哺

(一) 将卫生反哺放在与教育反哺同等重要的位置

发展医疗卫生事业,对经济与社会发展的作用很大。但长期以来,上至各级政府,下到普通百姓,在人力资本投资决策上均存在一个重要误区,即只重视教育投资,而忽视健康投资。如前所述,缺乏健康投资,教育投资便成了无源之水、无本之木,搞不好还会出现负的社会效益。因此,政府在推进工业反哺农业的过程中,要像重视农村教育投资一样重视农民健康投资,要将卫生反哺放在与教育反哺同等重要的位置。只有在农村教育事业和医疗卫生事业得到均衡发展的情况下,才能使农民素质获得全面提升,也才能从根本上提升农村人力资本的存量水平,增强农村内生发展能力。对农村实施卫生反哺的重点是,大力发展农村合作医疗,加强卫生防疫,建立健全卫生服务和医疗保健体系,同时还应在农村倡导科学的生活方式和改进不合理的膳食结构。此外,还要在现行城镇职工医疗保险制度框架内,为农民工建立基本医疗保险统筹基金。

(二) 改变医疗卫生资源过分向城市倾斜

据调查,我国卫生服务的社会需求大部分在基层,呈正三角形分布,而卫生资源的配置却呈倒三角形。研究表明,中国人口占全世界人口的22%,但占有的卫生资源却不到全世界的2%,而这些有限的资源,80%集中在城市,农村只有20%。部分大中城市大型医疗设备的拥有量超过了发达国家水平,而农村特别是边远地区还缺乏必要的检查、治疗设备,有的乡镇卫生院至今仍然只靠听诊器、血压表、体温表看病。我国每年卫生费用用在农民身上的很少,城市人均卫生费用是农村的3~5倍。针对农村卫生资源短缺、基础薄弱、服务能力低下、质量不高以及部分贫困地区缺医少药的现状,政府在推进工业反哺农业的过程中,必须改变长期以来卫生资源配置"重城市、轻农村"的倾向。首要之举是调整卫生支出结构,切实加大公共财政对农村卫生事业的投入,今后新增卫生事业经费应主要用于农村,实现卫生政策向农村倾斜、卫生资源向农村汇聚、卫生管理向农村延伸、卫生发展成果向农村转移。

(三) 构建卫生事业"以城带乡"的长效机制

改变农村医疗卫生落后现状,除了政府在政策、资金、技术等方面应对农村给予极大的支持外,还要动员全社会的力量来支持农村的医疗卫生事业,关心和关注农民的健康问题,尤其是城市的医疗卫生部门和单位更应该担负起"以城带乡"的历史责任。[1] 首先,城市的大医院具备完备的医疗卫生设备、有着较高素质的医疗卫生队伍,完全具备医疗卫生下乡、开展巡回医疗卫生服务的能力。作为城市的医疗卫生部门和单位,应主动地下乡服务,送医送药到农村、到农户、到农民,支持农村卫生事业的发展。作为医疗卫生专业技术人员,尤其是大医院的医务工作者要主动走出医院,走进农村,为农民的健康服务。其次,医疗卫生研究部门也应主动走向农村,针对一些地方的疑难病症,深入研究,找出根治的办法和措施。再次,医学院校也应走进农村,把学校办到农民中间去,进行医学科普知识的教育,培训农民、帮助农民提高预防疾病、搞好卫生环境的素质,减少农村疾病的发病率。最后,政府卫生主管部门要将城市的医院、医学院校组织起来,对农村的基层卫生室、乡村卫生院的医务工作人员进行定期的轮训,提高其诊断医疗水平,使其真正具备行医资格。

---

[1] 董忠堂.建设社会主义新农村论纲[M].北京:人民日报出版社,2005.

第四节 克服农村教育的"离农"倾向

教育是立国之本。相对于城市,农村教育的发展显得尤为紧迫。特别是随着社会主义新农村建设的逐步推进,必须将农村教育摆到首要地位。要想培养新型农民——新农村建设的主体力量,仅仅依靠对传统农民的改造或者说是针对辍学在家务农人员的继续教育是远远不够的。在这个过程中,我们必须注重农村教育的价值取向,既要完成对农民作为公民的基本素质提升,又要培养出一批适合农业和农村发展需求的人才。摆在我们面前的现实是,农村源源不断地向社会输送大量的人才,但在其自身经济发展过程中人才却极度匮乏。正是在这样的现实背景下,我们不得不关注农村教育的"离农"倾向,探寻农村教育服务农村的有效途径。

事实上,农村教育是一个经久不衰的话题,相关的理论纷争不断。有人认为要加强农村基础教育的功能,并在其中穿插"生活教育"的内容;有人认为农村教育应兼有"应试教育"和"生活教育"的功能;有人提出要加强农村职业技术教育和成人教育,等等。从总体看,当前农村基础教育的倾向是鼓励学生走应试之路,走出农村,服务城市。联合国教科文组织秘书处认为,农村教育是指"农村地区的基础教育、职业技术教育和成人教育,包括有文凭的全日制正规学习和非正规的成人扫盲学习以及技能培训"[1]。据此,农村教育应包括基础教育系统、职业教育系统和成人教育系统。暂且不论职业教育和成人教育对农村经济发展所起的作用有多大,单从涉及面最广的农村基础教育系统来看,"离农"倾向就极为明显。

一、农村教育"离农"倾向的主要表现

教育对新农村建设的支撑作用,要通过均衡城乡教育资源来促进农村教育发展。可是,如果农村教育发展上去了,则由于它的性质是离农的,而不是为农的,故它对新农村建设的支撑作用就会大大弱化。因此,在促进农村教育发展的同时,还必须关注其价值取向。

---

[1] 李洪君,张小莉."新农村"视野中的农村教育及其政策选择[J].党政干部学刊,2006(5):28-30.

(一) 教育目标存在"离农"倾向

农村教育目标本应该是多元的,即除了为城市、非农产业培养人才外,还要承担起培养建设农村、从事农业的优秀人才。但实际上,当下农村教育的目标定位是一元的,突出表现在应试性、城市性、离农性[①]。具体而言,从学校管理者和教师的角度来看,升学率几乎成了评判农村教育成败的唯一标准,有的农村中学甚至对学生实行歧视性"分流",将那些有碍于升学率的学生过滤出去,或劝其退学或转学。更有甚者,让低年级的学习尖子生顶替毕业班的落后生去参加考试。从农村家庭的角度看,望子成龙、望女成凤是共同的心态,说白了就是希望跳出"农门"、融入城市。作为学生自身,农村之外的花花世界终日萦绕心头,并成为其努力学习的动力。

根据我们对安徽省潜山县的一份调查问卷,涉及35所中学的197名被调查学生,在被问及将来的就业区域时,只有7%的学生选择农村,而84.88%的学生选择城市;当问及假如农村能够给他提供一个很好的就业机会时,只有8.63%的人表示会毫不犹豫地接受,而另外91.37%的人中间,15.48%的学生表示坚决不接受。这些数据从某种程度上反映了绝大部分农村学生一心想"跳出农门"的心态。

(二) 教育内容存在"离农"倾向

有什么样的教育目标,就有什么样的教育内容。当下农村教育目标定位的一元化,不可避免地导致其教育内容的离农性。在整个基础教育中,学校所传授的基本是与升学考试、非农就业、城市生活有关的知识、技能与价值观。有一组数据可以说明问题:在上述调查过程中,只有5.58%的人表示自从上小学以来经常接受就业方向为"服务农村、服务家乡"方面的教育,而94.42%的人表示从来没有接受过或偶尔有过。至于提供这种思想教育的场合,45.68%的学生表示是老师在授课过程中穿插进去的,8.12%的学生表示是以班级为单位组织的教育,19.29%的学生表示是以学校为单位组织的相关教育。在询问他们对农村信息的掌握程度时,只有8.63%的学生表示掌握很多且详细具体,约90%的学生表示掌握不多,甚至是空白。当问及他们通过什么途径了解农村信

---

① 刘尧.谈新农村建设中的新农村教育发展[J].当代教育论坛,2007(3):11-13.

息时,17.77%的学生表示是在学习过程中主动了解的,18.78%的学生表示是班主任在进行班级活动时介绍的,更多的学生是通过周围亲戚、朋友、同学、大众传媒或道听途说的方式获取的。这说明,在教育内容中几乎看不到以"服务农村、发展农村经济"为价值取向的思想教育。

(三) 学校布局调整中的"离农"倾向

根据国家发展义务教育的需求,在切实保障所有适龄儿童、少年接受九年义务教育的前提下,使农村中小学布局结构更趋合理,教育资源配置更加优化,义务教育均衡发展取得实质性进展。但在实际操作过程中,有的地方在工作中脱离当地实际,撤销了一些交通不便地区的中小学及教学点,造成新的"上学难"现象;有的地方盲目追求调整速度,造成一些学校"大班化现象"严重,教学质量和师生安全难以保证。有的寄宿制学校食宿条件较差,生活费用超出当地群众的承受能力,增加了农民负担;有的地方对布局调整后的学校处置不当,造成原有教育资源的浪费和流失,等等。这些问题,造成农村学校向城镇集中,一些边远山区、贫困地区农民子女上学不便,违背了布局调整的初衷。

二、农村教育"离农"倾向的形成原因

首先,长期以来"跳出农门"的教育观一直支配着人们的教育行为,这是形成农村教育"离农"倾向的思想根源。现在,农民对子女的教育都比较重视,希望子女尽可能接受更好、更高的教育,以便通过这种方式使子女摆脱农业、离开农村而成为一个城里人。学生自己亦希望通过读书升学以彻底摆脱土地的束缚,去城市谋求发展。如果不能升学,不能跳离农门,农民就普遍认为读到初中就可以了,再继续读下去就得不偿失。以"跳出农门"为唯一或视为最优价值取向的观念,不仅体现在农民及其孩子身上,也存在于教育部门内部。正是由于整个社会普遍存在着根深蒂固的"跳出农门"教育观,农村教育的"离农"倾向才难以逆转。

其次,"跳出农门"作为社会普遍存在的一种教育观念和心理,绝不是主观想象的产物,它与现行的教育体制、劳动人事制度、户籍管理政策以及城乡差别密切相关。国际经验表明,在快速的工业化、城市化过程中,一些国家和地区也出现过大量农村劳动力特别是青年人纷纷离开农业、农村的现象,但主要是生活方式不认同造成的,即不认同务农这样一种生活方式,而不是抱怨务农收入

太低。因为有些国家和地区的务农收入并不比非农就业低。然而,在我国,农民不仅生活苦,而且收入低,双重的影响刺激更多人更强烈的"离农离乡"倾向。

还应该看到,"城市取向"的大一统教育模式也在客观上强化了农村教育内容的"离农"倾向。长期以来,教育主管部门是以工业化、城市化为中心来制定教育政策的,这种政策无视城市和农村儿童在教育环境、教育资源以及未来就业上的巨大差别,以城市学生的发展特点为基础制定全国统一的教学大纲,学校课程标准和教学内容没有充分考虑农村学生的特点和需求。

三、克服农村教育"离农"倾向的政策建议

(一) 宏观层面

在宏观层面,缩小工农、城乡差别,纠正教育政策的偏差是根本。由于农村与城市在政治、经济、文化等各方面存在明显差别,导致广大农村人群对城市心向往之的价值取向,这在事实上助长了农村教育目标设计与管理活动的"离农"倾向。缩小工农、城乡差别,可以改变农村人对城市的心理预期,农村对城市的心理预期越小,人们留在农村的可能性就越大。从历史发展角度看,农村城镇化是大势所趋,但现阶段必须改变这种简单的思维方式和操作手法,以免进一步助长教育政策上重城市、轻农村的倾向。

只有工农、城乡差别缩小了,才能从根本上转变人们的"跳出农门"教育观,纠正教育行为上的"离农"倾向。

(二) 微观层面

1. 教育目标上树立为"三农"服务的理念

对于整个农村教育体系中的职业教育或是成人教育而言,人们很容易接受为"三农"服务的观念,但对于基础教育体系而言,可能就存在质疑:这是否有"身份社会"的倾向? 换言之,是否因为自己生长在农村,就一定要学习"向农"技术、服务农村[1]? 我们认为,在基础教育阶段树立学生为"三农"服务的理念是必需的。"爱农教育"并不是要求农村孩子必须终生待在农村,而是要改变农村孩子一到了城市,就有意回避或忽视生他养他的家乡这种不良心态。

---

[1] 李洪君,张小莉."新农村"视野中的农村教育及其政策选择[J].党政干部学刊,2006(5):28-30.

2. 教育内容设计中要渗透更多农村建设的相关知识、信息与观念

我国目前的课程有国家课程、地方课程、学校课程。对于国家课程,要严格执行,不能随意改动或增减。对于地方课程,既可以安排学科类课程,也可以安排各种活动;既可以是必修课,也可以是选修课,其目的是补充或丰富国家课程的内容。学校课程是在具体实施国家课程和地方课程的前提下,通过对本校学生需求的评估,结合当地经济和学校的课程资源,开发多样性的、可供学生选择的课程。对于农村中小学来说,就是要鼓励它们从农村教育发展的实际出发,在课程结构、教育内容甚至学制等方面自主创新,把农村基础教育与成人教育适当地结合起来,积极发展初中后和小学后的职业技术教育,同时在农村初中、高中教育渗透职业技术教育内容,以便使渴望升学和升学无望的学生都能得到实际需要的教育。

第五章 产城融合发展与农民工市民化

农业剩余劳动力的根本出路只能是向城市非农产业转移。改革开放以来,大量农业剩余劳动力持续地流向城市非农产业,从而产生了农民工这一特殊群体。30多年来,"民工潮"潮起潮落,需要从理论上加以解释。为此,本章基于农民工异质性假设,对传统的刘易斯模型进行了改造。农民工的根本出路只能是市民化。尽管承接产业转移为农民工市民化创造了条件,但农民工市民化不彻底问题比较突出。为此,需要重构产城关系,实现从"产城分离"转向"产城融合"。

第一节 农业剩余劳动力的出路何在

解决"三农"问题面临的一个很重要任务,是为数量庞大的农业剩余劳动力找到出路。笔者曾在《改革》2007年第5期发表《"以工促农"传导机制的整合及其政策建议》一文(以下简称《传导机制》),核心观点之一是通过将大量农业剩余劳动力向城市转移,以实现二元经济结构向一元经济结构的转变。《改革》2007年第12期又发表了杨刚的争鸣文章《"以工促农"传导机制内涵的拓展》(以下简称《内涵拓展》),认为为了推动二元经济结构向一元经济结构转变,我国应主要依靠农业内部吸收和就地转移来解决农村剩余劳动力的出路问题,并以此来辩驳笔者的观点。笔者认为,《内涵拓展》不仅将《传导机制》中的"农业剩余劳动力"错误地替换为"农村剩余劳动力",而且提出的观点在实践中根本行不通。

第一,在讨论工农关系的特定语境下,"农业剩余劳动力"比"农村剩余劳动力"概念更为恰当。《传导机制》通篇使用的均是"农业剩余劳动力"概念,而没有使用"农村剩余劳动力"概念。这是笔者刻意为之,原因有二:一是农业剩余劳动力属产业范畴,与非农产业的剩余劳动力相对应;农村剩余劳动力属地域范畴,与城市剩余劳动力相对应。农村剩余劳动力的主体虽是农业剩余劳动力,但还包括农村第二、第三产业的剩余劳动力。因此,这两个概念不可混用。二是在讨论"以工促农"这一关涉工农关系的特定语境下,"农业剩余劳动力"比"农村剩余劳动力"概念更为恰当。这是由于"以工促农"的最终目标是实现农业现代化,而农业现代化是以土地适度规模经营为前提的,土地适度规模经营又要以农业剩余劳动力转移为条件。如果转移的仅是农村第二、第三产业的剩余劳动力,尽管也有其意义,但不能直接对实现土地规模经营有所促进。

第二,既然讨论的是"农业剩余劳动力"的转移问题,其流向只能是非农产业。在一国工业化过程中,由于工业部门扩展最快,工业就成为农业剩余劳动力的主要产业流向。但《内涵拓展》认为,农业剩余劳动力(原文是农村剩余劳动力)主要流向之一是依靠农业内部吸收。这一观点存在明显的逻辑混乱,因为正是由于农业内部吸收不了,才产生了农业剩余劳动力。我们也注意到,农业结构调整、农产品深加工等虽可以吸收一定数量的农业剩余劳动力,但这是局部性的,并不能改变农业整体上吸纳劳动力能力日益下降的趋势。对于农业剩余劳动力的产业流向,《传导机制》在论及"以工促农"传导机制的内涵、存在的阻滞及其疏通时,一直强调的是,要将大量农业剩余劳动力向非农产业尤其是工业转移。

以上讨论的是农业剩余劳动力的主要产业流向,至于其主要地域流向,即向农村工业转移,还是向城市工业转移,《传导机制》并没有就此展开,只是在转述刘易斯二元经济理论时,有"将大量农业剩余劳动力向城市转移"一说。应该说,在一般发展中国家,工业绝大部分集中于城市,所以农业剩余劳动力的产业流向与地域流向基本是一致的,即向工业转移同时也就是向城市转移。但在中国,由于20世纪80年代以来乡镇企业的异军突起,农村工业也有了相当规模。于是,乡镇企业一度成为转移农业剩余劳动力的主要载体。然而,进入20世纪90年代中后期,一方面由于市场竞争加剧以及乡镇企业经营机制灵活的优势逐步丧失,乡镇企业发展遇到重重困难;另一方面,乡镇企业为了在竞争中能生存下去,不得不过早走上资本密集型的发展道路。这两方面因素叠加在一起,导致乡镇企业吸纳农业剩余劳动力的能力逐年下降,加之乡镇企业因布局分散而无法带动农村第三产业的发展,小城镇因缺乏强有力的产业支撑而步履维艰,从而阻碍着农业剩余劳动力的就地转移。由此看来,《内涵拓展》期望就地转移继续作为农业剩余劳动力的一个主要流向,也是不现实的。

在笔者看来,未来农业剩余劳动力的主要地域流向,既不是就地转移,也不是异地转移,而是就近向省内大中城市转移。在现有的制度环境下,异地转移尤其是跨省转移,不仅障碍多、成本高、不彻底,而且不利于缩小地区差距。而就近向省内大中城市转移的合理性在于:小城市、小城镇缺乏足够的吸引力、吸纳力,农业剩余劳动力进入的意愿不强;而大中城市产业基础比较好、功能比较齐全,发展产业和吸纳人口的空间都很大。大中城市如能将从发达地区转移过来的资本、技术与本地丰富的劳动力、自然资源结合起来,其吸纳农业剩余劳动力的潜力将是巨大的。

第二节 基于农民工异质的刘易斯模型改造

改革开放以来,伴随大量农业剩余劳动力向城市转移,中国先后出现了3次规模较大的"民工潮"(20世纪80年代初,20世纪90年代初,20世纪90年代末)和3次规模较大的"民工荒"(2004年,2007~2008年,2010~2011年)。刘易斯模型能够很好地解释我国过去长期低工资水平下的"民工潮"现象,但因其剩余劳动力完全同质的假设而无法解释近年来我国发生的"民工荒"现象。我们依据"保留工资"的高低将农民工分成若干个类别,从而构建了一个基于农民工异质的农民工市场模型。经此改造的刘易斯模型分析的意义在于,它提供了一个能够同时解释"民工潮"与"民工荒"的统一的理论框架。

一、"民工荒"对刘易斯模型的挑战

20世纪50年代,著名发展经济学家刘易斯构建了一个劳动力无限供给条件下发展中国家的经济发展模型。该模型认为,发展中国家普遍存在农业劳动力过剩现象,其经济发展在某种意义上就是农业剩余劳动力逐步从传统农业部门向城市现代工业部门转移的过程。只要农业还存在剩余劳动力,城市工业部门就总能雇用到其希望雇用的任意数量的劳动力,而无需提高工资水平。这一过程会一直持续到农业剩余劳动力转移完毕,二元经济转化为一元经济为止①。刘易斯模型可以用图 5.1 来描述。

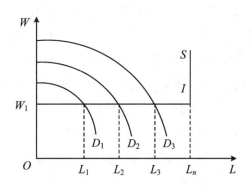

图 5.1　刘易斯的剩余劳动力转移模型

在图 5.1 中,横轴 OL 表示劳动力数量,纵轴 OW 表示劳动的边际产品和工资,OW_1 表示城市工业部门的现行工资水平,直角折线 W_1S 是劳动力供给曲线。刘易斯把发展中国家经济发展分为两个阶段:第一个阶段就是劳动力无限供给的阶段,如图 5.1 中的劳动力供给曲线的水平部分 W_1I 所示。在此阶段,城市工业部门以 OW_1 这个稍高于农村生存收入的工资水平,便可以获得无限的劳动力供给。随着资本积累的不断增加,劳动的边际产品曲线即劳动力的需求曲线不断外移(从 D_1 到 D_2 再到 D_3),城市工业部门所吸收的农业剩余劳动力也不断增加(从 L_1 到 L_2 再到 L_3)。这个过程一直持续到 I 点(即"刘易斯拐点")。至此,L_n 数量的农业剩余劳动力转移完毕,经济发展开始进入第二个阶段。在这个阶段,劳动力供给曲线与横轴垂直(国内学者大多把它当作向右上方倾斜),即图 5.1 中的 IS。此时,如果劳动力的需求曲线继续外移,就将推动工资水平的提高,但城市工业部门并不能因此获得更多的劳动力供给。与此同时,农业本身的劳动力也变得稀缺起来。为了解决劳动力不足问题,农业开始向机械化迈进,从而推动农业劳动生产率的提高。最终结果是农业实现工业化和现代化,城乡经济实现一体化。

依据刘易斯模型,我国农民工市场供给曲线应是水平的一段。这意味着用工企业可以在不变的工资水平下获得无限的农民工供给。因而,严格的刘易斯

---

① 刘易斯.二元经济论[M].施炜,译.北京:北京经济学院出版社,1989.

模型能够很好地解释我国长期低工资水平下的"民工潮"现象。

尽管刘易斯模型一直被推崇为是指导发展中国家实现工业化的经典模型,且对中国过去存在的"民工潮"有着很强的解释力,但2004年以来我国发生的三次"民工荒"却对其构成严峻挑战。这一挑战在于:若能用刘易斯模型解释"民工荒"的话,由于用工企业已经面临给农民工加薪的压力,从而意味着"刘易斯拐点"已经出现,这显然不符合我国还存在着大量农业剩余劳动力的现状;反之,若不能用刘易斯模型解释"民工荒"的话,则也不能用它分析"民工潮"。因为一个好的理论模型,应该能够同时解释农民工市场上的这两种现象,而不是只能有选择地解释其中一种现象。如同"均衡价格理论",既可以解释价格被人为抬高后出现的"过剩",又可以解释价格被人为压低后发生的"短缺"。

二、基于农民工异质的刘易斯模型改造

面对"民工荒"的严峻挑战,一些学者认为,刘易斯二元经济发展模式的运行机制被中国的实践改变了,或者说"刘易斯拐点"提前出现了,进而主张通过放弃工资不变的假定来修正刘易斯模型[①]。也有学者指出,结合中国的现实,在劳动力供给曲线表现为水平线之前还有一个阶段向右上方倾斜,据此对刘易斯模型进行改造,使其变成一个包括三个阶段的模型,就能够解释不久前中国出现的所谓"民工荒"问题[②]。还有学者通过放弃刘易斯模型中关于剩余劳动力同质的假设,将水平的劳动力供给曲线转变为向右上方倾斜的曲线,进而建立一个劳动力供给成本上升时的农民工市场模型,据此解释"民工荒"现象[③]。

以上三种观点的共同之处在于,均是利用向右上方倾斜的农民工市场供给曲线来解释我国目前的"民工荒"现象。但又各有不同:第一种观点中向右上方倾斜的农民工市场供给曲线位于水平线之后,即已越过"刘易斯拐点"。如前所述,这不符合我国还存在着大量农业剩余劳动力的现状。第二种观点中向右上方倾斜的农民工市场供给曲线处在水平线之前。果真如此的话,就应该是先有"民工荒"而后有"民工潮",但事实正好与此相反。第三种观点则直接用向右上

---

① 黄泰岩."民工荒"对二元经济理论的修正[J].经济学动态,2005(6):15-17.
② 包小忠.刘易斯模型与"农民工荒"[J].经济学家,2005(4):55-60.
③ 熊启泉."农民工荒"的成因及现实意义[J].改革,2005(5):65-69.

方倾斜的农民工市场供给曲线替代水平的农民工市场供给曲线,从而否定了刘易斯模型在当下中国的适用性。这一观点实质上与第一种观点相同,即都认为中国经济发展已进入刘易斯所说的第二个阶段。

为了对近年来出现的"民工荒"(当然也包括过去发生的"民工潮")做出更加符合中国实际的解释,本节放弃刘易斯模型中关于剩余劳动力同质的假设,试图构建一个基于农民工异质的农民工市场模型。该模型的最大特点在于,其农民工市场供给曲线是一条向上攀升的阶梯状折线。依据严格的刘易斯模型,已经转移、正在转移和等待转移的农民工是完全同质的,即所有个体农民工可以接受的最低工资水平相同。此时,农民工供给曲线就是一条水平线。这意味着用工企业可以在不变的工资水平下获得无限的农民工供给。然而我国农民工市场并不满足刘易斯模型中关于劳动力完全同质的假设。实际上,我国农民工的"质"是参差不齐的。不过,这种异质性又没有达到如此之大,以至每个农民工可以接受的最低工资水平均不同。因此,一个比较符合实际的假设是,我国农民工既不与刘易斯模型所设想的完全同质,也不是完全异质,而是位于这两个极端之间。具体来说,我国农民工是可以分成若干个类别的,不同类别的农民工是异质的,可以接受的最低工资水平不同;同一类别的农民工则是同质的,可以接受的最低工资水平相同。

本节所谓的农民工分类,依据的是农民工可以接受的最低工资。这是由农民工素质、农民工留在农村所获收入、农民工打工成本、农民工打工动机等主客观因素综合决定的,是农民工愿意转移的最低工资,亦可称之为"保留工资"(Reservation Wage)。为了分析方便,以下我们按农民工保留工资的高低,把农民工分成三个类别,即低保留工资农民工、中保留工资农民工、高保留工资农民工。每一类别农民工的数量依次为 L_1、L_2、L_3(农民工总量为 $L_1+L_2+L_3$),保留工资水平依次为 W_1、W_2、W_3。一般地,保留工资水平越高,该类别农民工人数就越少,故有 $L_1>L_2>L_3$,$W_1<W_2<W_3$。

图 5.2 首先给出了低保留工资农民工的供给曲线 W_1S_1,它是一条直角折线。其经济内涵是,就低保留工资农民工市场而言,只要用工企业对该类别农民工需求量小于其供给量,用工企业就无须因为雇用更多的农民工而支付更高的工资(水平的一段)。但当用工企业对该类别农民工需求量超过其供给量时,即便用工企业支付更高的工资,农民工的供给量也不会增加(垂直的一段)。同理,我们可以画出形状与 W_1S_1 相同的中保留工资农民工和高保留工资农民工

的供给曲线 W_2S_2、W_3S_3（图略）。

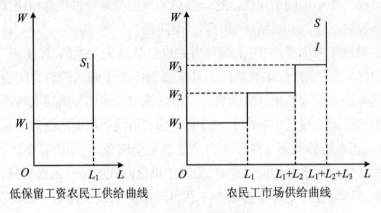

低保留工资农民工供给曲线　　农民工市场供给曲线

图 5.2　农民工供给曲线

接下来，将每个类别农民工的供给曲线水平叠加起来，就形成了整个农民工市场的供给曲线 W_1S。这是一条向上攀升的阶梯状折线。其经济内涵是，当实际工资低于 W_1 时，3 个类别的农民工都不愿意外出打工，农民工供给是 0；当实际工资达到 W_1 后，低保留工资农民工开始转移，其供给 L_1 就是整个农民工市场的供给；当实际工资达到 W_2 后，中保留工资农民工开始转移，整个农民工市场的供给为 L_1+L_2；当实际工资达到 W_3 后，高保留工资农民工开始转移，整个农民工市场的供给为 $L_1+L_2+L_3$。当全部农民工转移完毕，"刘易斯拐点"（图 5.2 中的 I 点）就会出现。归纳起来，可表示如下：

$$W<W_1 \text{ 时}, L=0$$
$$W_1 \leqslant W<W_2 \text{ 时}, L=L_1$$
$$W_2 \leqslant W<W_3 \text{ 时}, L=L_1+L_2$$
$$W \geqslant W_3 \text{ 时}, L=L_1+L_2+L_3$$

以上述阶梯状的农民工市场供给曲线为基础，结合向右下方倾斜的农民工市场需求曲线，我们可以建立如图 5.3 所示的农民工市场模型。在图 5.3 中，假设 D_0 为最初的农民工需求曲线，与农民工供给曲线相交于 AC 段的 B 点。此时，实际工资为 W_1，用工企业雇用的农民工数量为 L_0。随着社会经济的发展，经济总规模的扩大，对农民工的需求在不断增加，因而农民工需求曲线不断向右方移动。但只要农民工需求曲线还未移动到 D_1 位置，即对农民工需求总量不超过 L_1，实际工资就仍然维持在 W_1。因此，农民工供给曲线上水平的 AC 段，可以解释我国长期低工资水平下的"民工潮"现象。

当农民工需求曲线移动到 D_1 位置，L_1 数量的低保留工资农民工全部被用工企业雇用，"民工潮"随即消退。此时，如果市场对农民工的需求继续增加，则农民工需求曲线继续向右方移动，而农民工供给曲线转为垂直的 CF 段。现假设农民工需求曲线移动到 D_2 位置，与农民工供给曲线 S 相交于 CF 段的 E 点，则由市场决定的农民工工资应提高为 W_4。但是，由于长期持续的"民工潮"给用工企业普遍造成了农民工"无限供给"的错觉，加之其所具有的强势资本地位，用工企业试图继续以 W_1 的工资雇用 L_4 数量的农民工。问题是，如果农民工工资仍然维持在 W_1 的水平，甚至农民工工资有所提高但又未达到让 L_2 数量的中保留工资农民工愿意转移的 W_2 水平时，农民工供给量就仍为 L_1。因而农民工供给缺口为 L_1L_4，这就是所谓的"民工荒"。由此可见，农民工供给曲线上垂直的 CF 段，可以解释我国近年来出现的"民工荒"现象。

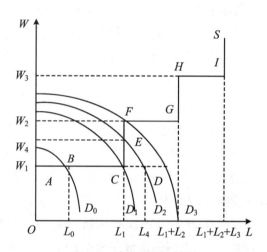

图 5.3 农民工市场模型

尽管用工企业欲极力压低农民工工资，但农民工市场上的供求规律最终会起作用。"民工荒"背景下企业普遍遭遇的农民工短缺难题，终究将迫使用工企业提高农民工的工资水平。实际上，"民工荒"出现以后，沿海地区的一些用工企业已经开始给农民工小幅加薪。这说明市场规律正在起作用。在市场规律作用下，一旦农民工工资提高到 W_2，L_2 数量的中保留工资农民工就开始转移。此时，农民工市场供给总量达到 L_1+L_2，用工企业重新面对水平的农民工供给曲线，即图 5.3 中的 FG。这预示着第二轮"民工潮"又将袭来。

设想农民工需求曲线继续向右移动。依据以上分析思路，随着农民工需求曲线越过供给曲线上水平的 FG 段而进入垂直的 GH 段,第二轮"民工潮"会日渐消退,而第二轮"民工荒"又将爆发。当用工企业被迫把农民工工资提高到 W_3 后,L_3 数量的高保留工资农民工就开始转移。此时,农民工市场供给总量达到 $L_1+L_2+L_3$,用工企业将再次面对水平的农民工供给曲线,即图 5.3 中的 HI。这预示着第三轮"民工潮"又将泛起。在第三轮"民工潮"退去之后,我们就将迎来发展经济学上著名的"刘易斯拐点"(图 5.3 中的 I 点)。至此,待转移的全部农民工转移完毕,二元经济完成了向一元经济的转化。

我们出于分析方便仅把农民工分成三个类别,更为一般化的分析则是把农民工分成 n 个类别。只要 $1<n<\infty$,分析思路及其结论就仍然相同(当然"民工潮"与"民工荒"发生的轮次会依 n 的大小而有所不同)。不过,若 $n=1$,则意味着农民工完全同质,农民工供给曲线就由阶梯状折线变成直角折线,此即刘易斯模型;若 $n\to\infty$,则意味着农民工完全异质,农民工供给曲线就由阶梯状折线变成向右上方倾斜的曲线,此即上文中提到的第三种观点。显然,$n=1$ 和 $n\to\infty$ 是两种极端情况,都只具有理论上的可能性,本节中关于 $1<n<\infty$ 的假设更符合中国实际。

应该指出,本节构建的农民工市场模型并不是对刘易斯模型的否定,而是结合中国农民工市场特点对其进行了改造。从农民工供给曲线来看,在刘易斯模型中是一条直角折线,在本节构建的模型中则是由若干条直角折线连接而成的阶梯状折线。从模型揭示的经济发展过程来看,在刘易斯模型中,"刘易斯拐点"出现之前,仅有一轮持续时间很长的"民工潮";在本节构建的模型中,"刘易斯拐点"出现之前,则要经历若干轮不连续的持续时间相对较短的"民工潮"。由此可见,刘易斯模型的基本思想仍蕴涵于本节构建的模型之中。

三、经改造的刘易斯模型分析的意义

本节通过放弃严格的刘易斯模型中关于农村剩余劳动力完全同质的假设,构建了一个农民工异质基础上的农民工市场模型。经此改造的刘易斯模型分析有如下重要意义:

第一,该模型提供了一个能够同时解释"民工潮"与"民工荒"的统一的理论框架。运用这一理论框架,可以将看似相互矛盾的"民工潮"与"民工荒"联系和归纳在一起。在该农民工市场模型中,农民工市场供给曲线上的水平段可用于解释"民工潮",垂直段可用于分析"民工荒"。

第二,该模型分析显示,近年来我国"民工荒"现象产生的主要原因,是在农民工需求不断增加情况下,农民工工资长期被人为压抑在很低水平上。从而,破解"民工荒"问题的根本之策应是逐步提高农民工工资。

第三,该模型分析表明,我国经济发展距离"刘易斯拐点"还有很长的一段路要走。在该模型中,尽管有若干个拐点,但只有最后一个才是真正的"刘易斯拐点"。如果我们将前面的拐点,甚至第一个拐点当作"刘易斯拐点",那就会严重脱离中国实际,并有可能做出错误的政策选择。

第三节 产城融合促农民工市民化

承接东部地区产业转移扩大了中西部地区城市的就业容量,从而有利于促进农民工市民化。但由于城市建设上片面追求功能分区,中西部地区产业园区普遍存在"产城分离"问题。"产城分离"已经成为农民工市民化的重要障碍,应以"产城融合"促农民工市民化进程。

一、承接产业转移为农民工市民化创造了条件

近年来,由于经济发展外部环境的变化和经济发展阶段的演进,加之受土地和户籍制度限制,我国东部地区劳动密集型产业的资源供给条件发生很大变化,继而出现了向中西部地区转移的迹象。中西部地区是东部地区产业转移的重要承接地,承接产业转移具有显著的城市化效应,特别是对农民工市民化具有显著的促进作用。

农民工市民化是指农民工在实现职业转变的基础上,获得与城市居民同等的社会身份和权利,能不受歧视地享受城市公共资源和社会福利,平等地参与城市政治、经济、社会和文化生活。农民工市民化主要有两条实现途径,即省内市民化和跨省市民化。省内市民化是指农民工在距离家乡较近的省内城市安家落户,跨省市民化则是指农民工在远离家乡的省外城市完全沉淀下来。由于内外有别的户籍制度歧视,相较于跨省市民化,农民工省内市民化的入城门槛相对比较低。由于迁移距离的远近不同,与跨省市民化相比,农民工省内市民化的经济成本和心理成本也都相对比较低。所以,尽管2016年中西部地区有6691万名农民工跨省流动,但从总体上看,仅有极少数农民工能够实现跨省永

久性迁移,完成彻底市民化,绝大多数农民工市民化还是以省内为主。

农民工省内市民化具有门槛和成本较低的优势,但其实现程度还取决于省内城市能否提供足够的就业机会,对农民工是否有较强的吸引力。很显然,承接产业转移将成为推进农民工省内市民化的重要外生力量。中西部地区如能通过承接东部地区产业转移,将从东部地区引进的资本、技术与本地丰富的劳动力、自然资源结合起来,就可以有效扩大当地就业容量,促进农业剩余劳动力就地就近转移。与此同时,省内城市适时将户籍放开,农民工就可以逐步在城市沉淀下来,从而就能比较容易地完成市民化的过程。

二、"产城分离"有碍农民工市民化

产业承接园区是欠发达地区经济发展、产业调整和升级的重要空间聚集形式,担负着聚集创新资源、培育新兴产业、推动城市化建设等一系列的重要使命。在区际产业转移的背景下,产业园区已成为中西部地区各省承接东部地区产业转移的重要载体和有效平台。目前,中西部地区已进入各类产业园区建设的高峰期。与承接产业转移有关的产业园区包括承接产业转移示范区、经济技术开发区、高新技术产业开发区、出口加工区等。

基于产业转移与城市化的动态耦合关系,产业发展与城市建设应该有机融合、相得益彰。然而,由于城市建设上片面追求功能分区,致使中西部地区的产业园区普遍存在"产城分离"问题。这里的"产"指的是生产及相关城市的产业园,"城"指的是城市,"产城分离"即指将相关产业园区与城市进行人为的切割,致使产业发展与城市建设形成"两层皮"而彼此分离。在一些城市规划决策者和设计者眼中,城市应由一个个功能定位明晰的产业园区、商务区、居住区等组成,它们之间应泾渭分明,功能不能交叉。因此在规划设计产业园区时,就仅从产业角度考虑,而忽略了从业者的生活需求。这样,必然导致产业园区的城市功能滞后于产业功能,生活功能滞后于生产功能。有这样一个关于"产城分离"的形象描述:早晨人们离开居住区去产业园区上班,居住区成了一座空城,产业园区成为一座"堵城";晚上人们下班离开产业园区回到居住区,产业园区成为一座"死城",而居住区成了"睡城"。这种现象在中西部地区各省产业园区建设中普遍存在,属于典型的"产城分离"。"产城分离"的危害性在于,由于通勤距离和时间的明显增加,不仅造成资源、能源的巨大浪费,加剧城市道路交通拥堵和环境污染,更令众多上班族疲于奔命,生活质量大打折扣。"产城分离"已经成为一种城市病,严重困扰着中西部地区城市化的发展,也由于造成城市生活和工作成本攀升,从而构成农民工市民化的重要障碍。

三、从"产城分离"转向"产城融合"

从促进农民工市民化视角,在产业承接园区建设中,要将产城关系从"产城分离"转变为"产城融合"。"产城融合"是指将产业发展和城市人口集聚科学合理地融合在一起,让产业发展带动城市发展,提升城市化质量。"产城融合"的具体路径是,在产业园区建设中融入城市功能,着力推动城市基础设施向产业园区延伸,公共服务向产业园区覆盖。如此通过补足产业园区的服务功能,既能更好地服务于产业工人生活,又能更好地服务于产业园区生产。从而,仅具单一生产功能的产业园区就提升为集生产、生活、服务等多种功能为一体的产业新城。产业和城镇融合发展,不仅能有效降低农民工在城市的生活和工作成本,而且能增强城市对农民工的吸引力,因此将大大加快农民工市民化进程。

第六章 承接产业转移与"三农"问题化解

通过大规模承接东部地区产业转移,将加速中西部地区的工业化、城市化进程,推动中西部地区经济又好又快发展,同时也为中西部地区破解累积已久的"三农"问题提供了新的契机。如能成功地把承接东部地区产业转移与促进"三农"问题化解有机结合起来,中西部地区将能走出一条科学发展之路。

第一节 中西部地区受"三农"问题拖累

自20世纪90年代中后期以来,"三农"问题逐渐成为一个全国性的问题,乃至最高决策层将解决好"三农"问题作为全部工作的"重中之重"。但实际上,全国的"三农"问题目前主要集中于中西部地区。曹锦清认为,中国改革开放以来形成了两类不同的农村地区:第一类地区主要分布在东部沿海地区,它已经完成了两种转型:绝大部分农户家庭收入的重心从农业这一块转移到工商业这一块。农业这一块已经成为次要的了,甚至地也可以不种了;县以下地方政府财政收入的重心也从农业转移到工商业当中来了。在这类地区,基本上不存在所谓的"三农"问题。第二类地区主要分布在中西部地区,它还没有完成两个转型,即农户家庭收入和地方政府财政收入都依然以农业为主。所谓的"三农"问题就主要集中在第二类地区——中西部地区。①

李成贵也认为,经过30年的改革开放,东部经济发达地区,诸如浙江、广

---

① 曹锦清.关于"三农"问题的几个想法[EB/OL].[2006-11-12].http://www.snzg.cn.

东、江苏、山东、上海等省(市),经济中农业所占份额相对较低,农村要素比较活跃,产业化经营和结构调整的市场机制也已经基本得到确立。因此在这些地区,其实并不存在通常所说的"三农"问题。而对于中西部的绝大多数地区而言,农业产值在 GDP 总额中所占比重较高、农民收入水平较低、市场化程度较差,从总体上讲农村经济仍然是沉静和缺乏活力的。①

刘广栋等则用实证分析的方法,对我国"三农"问题的区域差异进行了研究。他们选取反映我国各省(市、区)农业发展、农民收入、农村经济发展的 18 个综合指标,运用主因子分析法,分析得出能较好地反映我国各省(市、区)"三农"发展的综合水平的 6 个主因子,并据此对相关省(市、区)作了综合分析和综合排序。结果是,在中国 31 个省(市、区)中,东部地区除海南外,辽宁、河北、北京、天津、山东、江苏、浙江、上海、福建、广东的"三农"综合发展水平均居于全国前 10 位。这样的排序结果更是有力地支持了"中国的'三农'问题目前主要集中于中西部地区"的论断。②

此处说"三农"问题主要集中于中西部地区,并不是否定东部地区"三农"问题的存在。其实,东部地区也有"三农"问题,但由于东部地区经济相对发达,已经进入了工业化发展的中后期,因而"三农"问题并不突出。更为重要的是,通过区域内的工业反哺农业、城市支持农村,东部地区"三农"问题的解决相对比较容易。

实际上,由于自然和社会经济条件的不同,中部与西部的"三农"问题在形成机理与表现形式上也有明显差异。中部地区大多是农业大省和粮食主产区,偏农的产业结构,加之农业比较利益低下,导致农民增收困难、地方财政拮据,从而制约和拖累了整体经济社会发展。而且,中部地区还是全国的米袋子、菜篮子,解决好中部"三农"问题,对于保障全国农产品供给和粮食安全又具有特别重要的意义。而讨论西部的"三农"问题,不能不考虑该地区脆弱的生态环境。在西部地区,"贫困—人口过度增长—环境退化"的恶性循环是"三农"问题的重要成因。此外,由于西部地区处于我国大江大河的上游,是全国重要的生态屏障和生态平衡的关键"源头",西部"三农"问题解决得如何将直接制约着全国生态环境的发展。

---

① 李成贵.一项激活农村经济的制度创新[EB/OL].[2004-11-17]. http://www.cassrcae.com.
② 刘广栋,程久苗,朱传民.我国"三农"问题的区域差异研究[J].农业现代化研究,2006(2):126-130.

第二节　中西部地区破解"三农"问题的
　　　　有效路径：承接产业转移

解决"三农"问题,一要减少农民数量,二要增强财力。只有用较强的财力去反哺较少的农民,"三农"问题的解决才有希望。为此,除了要从体制上彻底破除"城乡分割"的二元格局外,还要大力推进工业化进程。因为,无论是农民的减少,还是财力的增强,动力均来自工业化。中西部地区通过大规模地承接东部地区的产业转移,可以快速提升其工业化水平,从而能为解决"三农"问题创造必要的条件。

一、工业化水平低是中西部地区破解"三农"问题的最大结构性障碍

前文已述及,中国的"三农"问题目前主要集中于中西部地区,东部地区"三农"问题并不突出。通过与东部发达地区的比较,除了"城乡分割"这一共有的体制性障碍外,工业化水平低是中西部地区破解"三农"问题面临的最大结构性障碍。桂拉旦从经济总量指标、结构指标和相关指标中选取人均生产总值、非农产值比重、非农业就业比重、城市化水平、外贸依存度和信息化水平6个主要指标,运用主成分分析法来测度全国31个省(区、市)工业化综合水平指数,并通过聚类分析对中国区域工业化水平进行分类,结果表明,中西部省份工业化水平综合得分值在全国排名均居东部省份之后,从全国范围来看均属于工业化水平较低的地区。[①] 工业化水平低,一方面,导致农业剩余劳动力难以被工业部门吸纳。大量农业剩余劳动力要么继续沉积在有限的土地上,要么不得不依靠非公平的跨省流动来寻求出路。若是前者,土地的适度规模经营就难以实现,以此为前提的农业现代化就必然受阻,农业劳动生产率就不可能逐步提高,农民持续增收就无法实现。若是后者,正如下文将要指出的,也只是现行体制下解决农业剩余劳动力出路问题的权宜之计。另一方面,工业化水平低也弱化了中西部地区工业反哺农业、城市支持农村的能力。在经济与财力增长主要依

---

① 桂拉旦.中国区域工业化水平实证分析[J].开发研究,2007(4):47-49.

靠工业的情况下,工业弱,则经济弱、财政弱。以虚弱的经济和财政实力,去反哺相对规模较大的农业和农村人口,反哺的力度无疑是很小的,反哺的效果必然是有限的。

二、发展劳务经济解决不了中西部地区的"三农"问题

根据国家统计局发布的《2015年农民工监测调查报告》,中西部地区外出从业的农业剩余劳动力达16987万人,其中跨省流动就业的超过6887万人,流向主要集中在长三角、珠三角和京津等经济发达地区。不少人认为,通过发展劳务经济可以解决中西部地区的"三农"问题。实际上,这是一个认识上的误区。农民跨省打工,从短期看,缓解了当地就业压力,增加了农民收入,补贴了小农经济,使其不致破产。但从长期看,由于发达地区对外来农民工的"经济接纳,社会拒绝"的制度安排,即外省区的农民可以到发达地区打工但不能融入当地社会,农民工的跨省就业是扩大而不是缩小了地区间居民收入乃至经济社会发展的各方面差距。而且,绝大部分农民工在年老体弱后还要回到原籍,他们的子女也大多在简单地重复着父辈的命运。所以,依靠现有的农民工跨省流动就业方式,既不可能缩小中西部地区与东部发达地区的差距,也不可能从根本上解决中西部地区的"三农"问题。

三、承接产业转移是中西部地区推进工业化的最现实途径

中西部地区推进工业化面临的最大障碍是资本积累不足,而仅靠自身来积累资本将是一个漫长的过程。因此,最可行的选择是从外部尤其是东部地区输入资本。中西部地区如能通过承接东部产业转移,将从东部引进的资本、技术与本地丰富的劳动力、自然资源结合起来,可以使中西部地区自身发展融入到东部发达地区乃至世界经济体系之中,有利于其增长极的培育,进而大大加快中西部地区工业化进程,为破解"三农"问题创造条件。

一方面,工业化水平提高能促进中西部地区农业剩余劳动力的彻底转移。前已述及,在现行体制下,由于农民工跨省市民化面临难以逾越的障碍,依靠农民工跨省流动就业来转移农业剩余劳动力就不可能是彻底的。相对来讲,农民工就地就近市民化的障碍更少、成本更小,农业剩余劳动力就地就近转移就可能更为彻底。中西部地区通过承接产业转移,可以提升工业化水平,扩大当地

就业容量,从而促进农业剩余劳动力就地就近转移,并相对比较容易地完成农民工市民化的过程。另一方面,工业化水平提高能增强中西部地区工业反哺农业、城市支持农村的能力。中西部地区"三农"问题的解决,固然离不开中央政府站在全局角度加大对"三农"的反哺和支持力度,但更为重要的是,中西部地区自身工业反哺农业、城市支持农村的能力要得到增强。这就要求中西部地区的经济必须加快发展,工业化、城市化的步伐必须提速。而中西部地区通过承接东部产业转移,将经由一系列的传递扩散机制,提高产业竞争力,带来经济繁荣。随着工业化和城市化的加快推进,产业体系的做大做强,地方经济实力和财力的快速提升,可以为工业反哺农业、城市支持农村夯实必要的物质基础。

第三节 中西部地区承接产业转移的政策取向

目前,中西部省份纷纷建立承接产业转移示范区,其实质是以承接产业转移替代过去的劳动力向外省转移。为了充分发挥承接产业转移对劳动力向外省转移的替代作用,使其成为促进"三农"问题化解的强大推力,中西部地区在承接产业转移过程中应该坚持一定的政策取向。

一、重点承接劳动密集型产业转移

中西部地区在承接东部地区产业转移过程中,应该突出承接重点。这既取决于东部发达地区需要重点转移的是哪些产业,又要看中西部省份的比较优势何在。当前,东部发达地区需要转移的主要是食品饮料、服装鞋帽、玩具、五金工具、体育用品、家具、模具、包装等劳动密集型制造业,而中西部地区又具有劳动力多且工资相对低廉的比较优势。这就决定了在未来相当长的一段时期,中西部地区应该将承接产业转移的重点放在劳动密集型产业上。重点承接劳动密集型产业转移,对中西部地区还有着特别重要的意义,即有利于"三农"问题的解决。劳动密集型产业是智力要求相对较小、吸收劳动力又最快的一种产业,也是最适合当前中西部地区农村人力资源特点的产业。因此,重点承接劳动密集型产业转移,不仅可以变中西部地区农村人力资源的劣势为优势,而且能在本地区范围内有效解决大量农业剩余劳动力的出路问题,从而为化解"三农"问题创造必要的条件。

不过,将劳动密集型产业作为承接重点,需要排除一些认识上的误区,尤其是错误地把劳动密集型产业等同于技术上不先进、市场上没前途的产业。实际上,从技术的角度看,可以利用高新技术,尤其是当前的信息技术改造传统劳动密集型产业,一些新兴劳动密集型产业也内在蕴含着丰富的技术和创新元素。如印度的IT业并非属于资本密集型产业,而是与中国的制造业一样同属劳动密集型产业。从市场前景看,衣食住行永远为人们生活所必需,而这些需求主要靠劳动密集型产业来满足。只要有市场需求,产业发展就有空间,因此劳动密集型产业发展在中国仍然大有前途。

二、积极承接农产品加工业转移

实际上,农产品加工业在整体上也是劳动密集型产业。从近年国内产业转移的流向看,农产品加工业向中西部转移呈加快之势。中西部地区要抓住机遇,积极承接东部沿海地区农产品加工业的梯度转移。通过承接农产品加工产业转移,一则可以将中西部地区农产品丰富的资源优势转化为经济优势,实现从农业大省向农业强省的跨越;二则可以利用下游农产品加工业的发展,把产业资本引入上游的农业生产,促进农业产业化;三则能够开发就业岗位,吸纳一部分农业剩余劳动力,促进农民增收。

中西部地区承接农产品加工产业转移,要以农产品加工集中园区为重点,搭建好承接农产品加工业转移的平台和载体;要充分依据地区农业资源,确定农产品加工发展重点;要着力引进一批知名度高、实力强的农产品加工龙头企业,充分发挥其示范和带动作用。

三、努力承接农民工返乡就业

随着东部发达地区产业,尤其是劳动密集型产业逐步向安徽转移,吸引外出农民工返乡、提供企业所需的用工保障就成为一项十分紧迫的任务。2011年,笔者在中西部典型省份安徽省安庆市的望江经济开发区调研时,了解到有一个申洲针织(安徽)有限公司是从宁波转移过来的纺织企业。该企业厂房已全部建成,设备已全部安装到位,计划用工量为2万人,但实际仅招到5500人。

像这种企业用工需求得不到满足的现象,在笔者所调研的安庆市15个经济开发区中都不同程度地存在。解决转移企业用工不足的问题,需要在承接产业转移的同时,做好承接农民工返乡就业的工作。为此,政府要转变思路,要从过去向外输送劳动力转变为现在让他们尽量地回流。吸引这些外出农民工返乡就业,关键并不仅仅在于提高工资,而是要充分考虑到新生代农民工的特点,尽量满足他们的精神需求,并为他们提供更多的发展机会。

第七章 农业税终结与"三农"问题

2006年2月22日国家邮政局发行了一张面值80分的纪念邮票,名字叫做《全面取消农业税》,以庆祝从2006年1月1日起废止《农业税条例》。这意味着,经过21世纪初将近5年的农村税费改革实践,在我国沿袭了两千年之久的传统税收的终结。作为政府解决"三农"问题的重要举措,停止征收农业税不仅减少了农民的负担,保护了农民的公民权利,体现了现代税收中的"公平"原则,而且顺应了"工业反哺农业"的趋势。

但也应该看到,由于农业税在我国的实行已经有几千年的历史,基层政府财政对其有很强的路径依赖。全部免除农业税后,虽然表面上会直接减轻农民的负担,但由于产生"三农"问题的根源未除,免税之后不可避免地会引发一系列问题。如果处理不好,反过来有可能间接损害农民的利益,使"三农"问题变得更为复杂,甚至严重阻碍农村发展的进程。所以,深入分析后农税时代"三农"问题的特点,从根源上探求后农税时代"三农"问题的破解路径就显得尤为紧要。

第一节 农业税终结后"三农"问题复杂化的内生原因

现代经济是生产力增长的经济,是趋向农业小部门化的经济。农业小部门化主要表现在以下三个方面:(1)农业增长对整个经济系统增长的贡献不断下降;(2)农业产出占整个经济系统总产出的份额不断下降;(3)农业获取社会生产所需的稀缺资源的能力不断下降。改革开放以来,我国农业在GDP中的比重大幅度下降,已从 1978 年的 28.2% 下降到 2015 年的 9%。农业小部门化说明农业的"社会发展带动性"已被非农部门(特别是工业部门)所取代,农业的附属性增强,但农业的"生存保障性"还没有被其他部门所取代。

事实表明,在工业化达到一定水平后,农业增长通常是缓慢的,但波动很小,而且在国民经济系统受到冲击,引起较大经济波动时,农业增长往往还能保持相当的稳定性,从而为经济系统维持稳定提供了一定的缓冲机会。因此,在工业化过程中,农业对整个经济系统的作用是提供增长的基础,并可以在这个基础上保证经济系统增长的稳定性。由此可以认为,农业部门的"生存保障性"在工业化过程中转换成了经济系统的"增长保障性",是系统稳定性的基础。

同时,受报酬率递减规律和恩格尔定律的影响,农业的比较利益在经济发展过程中呈现不断下降的趋势。受比较利益机制的驱动,农业资源不断向非农部门转移,而外部资源却很难依靠市场的力量进入农业领域。特别是我国的农业发展有其特殊性,在可预见的将来,农业发展面临三个"不可逆":一是人口增长不可逆;二是土地(特别是耕地)减少不可逆;三是农产品(粮食)需求增长不可逆。这三个"不可逆"进一步加剧了农业发展面临的矛盾,使得"三农"问题长期存在。如果不及时加以解决,有可能使问题越积越大。由于农业的生产效率相对于工业部门来说不断下降,其获取资源的能力在市场经济中也会不断下降。如果对农业不加以保护,它就会持续衰弱,最后的萎缩就只是时间问题了。由于农业部门具有生存保障性、维持经济系统稳定性等功能,因而政府不得不对农业实行财政转移支付。

免除农业税后,尽管政府加大了对农业的财政转移支付力度,但中央财政和地方财政现阶段的支付能力毕竟有限,只能承担一部分费用,这就使得相应的转移支付难以完全弥补免税造成的缺口,从而免除农业税会给"三农"问题带来一系列的复杂影响。

一、对乡镇和村财政及农村公共产品供给的影响

税费改革以来,各地因减免农业税费而减少的财政收入达千亿元以上,主要由中央财政安排专项转移支付予以补助。2003 年中央财政转移支付为 305 亿元,2004 年为 510 亿元,2005 年达到 664 亿元。税费改革尽管有乡镇机构、农村教育的配套改革相配合,但财政缺口仍然较大,乡村两级的财力受到不同程度的影响。在"正税除费"改革中,由于税率提高,农业税增加的部分留给了

乡镇,受到冲击的主要是村一级行政机构。而免征农业特产税和农业税后,彻底拆除了收费的平台,凸现出来的两大问题是乡镇和村行政机构的财力匮乏以及随之而来的提供公共产品的能力不足。

实施农村税费改革后,农村公共资源筹集制度得到了规范,农民负担得到了切实的减轻,村委干部失去了贪污腐败的机会。但同时,村委会也失去了筹集公共资源提供公共产品的能力,一些村里的公共事务处于无人管理的荒废状况,小学校舍没人修理,道路、水渠、涵洞无人维护。如果税费改革的结果是影响基层政权和基层自治组织的正常运行,该履行的职能不再履行,该为老百姓做的事不再做了,从而导致农村公共产品供给的短缺,影响农村公益事业的发展,这显然与税费改革的初衷是相违背的。

二、对村一级行政机构的冲击

免征农业税后,许多乡镇和行政村的财政收入没有了来源,在很大程度上要靠上级的财政转移支付来维持运转,这加重了它们对上级的依赖程度,固化了自上而下的管理模式。以前各地普遍推行"村账乡管",现在则进一步提出"对一般乡镇,都要大力推行'乡财县管'的财政管理方式"。2005年6月初召开的全国农村税费改革试点工作会议上,中央再次提出,具备条件的地方,可以推进"乡财乡用县管"的改革试点。既然村民委员会是村民自我管理的基层群众性自治组织,既然乡、镇人民代表大会的职权之一是审查和批准本行政区域内的财政预算和预算执行情况,那么现在这种由"上级"单位来管理"下级"财务的情况,实际上是一种无奈的、与提高自治程度相反的举措。这种"反自治化"或"去自治化"的倾向,反映出在乡镇和村这两级的层次上有效制衡机制的不足。

三、农产品价值链中高利润环节被垄断,免税后利益流向其他环节

在农业生产中,农民只能参与农业生产链中增加值最低部分的活动——农田生产,而产前和产后增加值较高部分,却被权力部门垄断或被一些大型公司所控制。农业生产资料价格再高,农民也得买;农产品价格再低,农民也得卖,因为供货渠道和收购渠道单一。而且,农民只有生产自主权,而没有不生产自主权。即使无利或微利,也不能选择不生产以规避风险。所以即便免除了农业

税,农民真正能得到的利益如果没有相应的制度保证和相应的部门加以保护,有可能全部转变为其他强势部门的垄断利润。

四、农民负担反弹的压力

许多地区在取消农业税后,都不同程度地存在着农民负担反弹的压力。乡村两级收支不平衡,支出缺口巨大,这是农民负担反弹的现实压力。税费改革和取消农业税,对国家财政收入的影响并不大,但这使得农业附加税征收没了根基,"三乱"得到了有效遏制。如果算上中央政府的转移支付,乡村两级每年可支配收入比农村税费改革前减少了约700亿元,而乡村两级的年支出有增无减,缺口可想而知。乡村债务越来越大,基层组织正常运转所需经费严重不足,这是农民负担反弹的潜在压力。新农村建设所需大量配套资金,通过"一事一议"筹资筹劳的形式转嫁到农民身上,这是农民负担的新的压力。在统筹城乡发展的大背景下,借助农村制度创新和"三农"新政策的动力,我国新农村建设,乃至后来的美丽乡村建设已由下而上广泛展开,但其资金必然要由农民负担一部分,这也增加了农民负担反弹的压力。

第二节 后农税时代解决"三农"问题的外生障碍

"三农"问题越来越严重的一个重要原因就是它长期被阻滞在政策议程和政治制度建设之外。从制度方面看"三农"问题主要面临以下三个障碍:

一、公共决策的价值取向

中华人民共和国成立以来,虽然历届政府都承认农业的基础地位,但政府对农业的重视还只限于态度上。与工业的优先地位相比,除了围绕粮食产量引发的政策之争以及应急性的抗洪救灾以外,农业事实上是被排除在政策议程之外的。改革开放后,随着国家工业化开始步入中期阶段,工业已经具备了自我积累的能力,但"工占农利"的政策并未发生根本性的改变,改变的只是"工占农利"的具体形式(廉价的土地和劳动力替代廉价的农产品,支撑了低成本工业化的快速推进)。城乡分治的二元体制也未从根本上松动,它实际上已逐渐演变成一种权益结构,维护着城市阶层的既得权益,农民阶层则长期受这一体制的束缚而成为最大的利益受损群体。这一切都表明,趋向小部门化经济的农业长期处于公共决策的视野之外。

二、对效率的强调压倒了对公正的追求

中华人民共和国成立以来,无论是政府还是民间,都对效率表现出强烈的偏好。在效率第一、GDP至上的发展观、政绩观的支配下,工业化就是一切,于是农业成为促进工业发展的工具,农村变成了城市的"殖民地",农民沦为政府发展战略中可以随意拿捏的"棋子"。其结果必然是,一方面 GDP 上去了,但另一方面"农民真苦、农村真穷、农业真危险"。实际上,由于农业停滞、农村贫穷,工业和城市因受其制约也不能健康发展。

三、农民群体在公共决策中的弱势地位

一个阶层的经济与社会地位决定了它对公共决策影响的力度。弱势集团不仅对决策没有影响力,在政策执行中也更多的是被动接受。改革开放以前,虽然没有产生利益分化,但农民群体的利益始终被置于支援工业的前提下,农民是事实上的弱势群体。改革开放以来,利益分化严重,农民阶层在陆学艺所划分的 10 个社会位阶中仅居第九位,占有的组织资源、文化资源和经济资源比较少,是利益受损的弱势阶层。与其他强势集团相比,农民既缺乏利益表达的渠道,又缺少维护自身利益的手段。[1] 在公共政策的博弈中,农民的人数虽然很多,但在现行的制度安排中却被严重地边缘化了。

综上所述,工业偏向、城市偏向的制度安排是产生"三农"问题的温床。而进入"后农税时代",尽管农民的负担减轻了,但形成"三农"问题的制度性根源仍在。免除农业税表明了中央解决"三农"问题的决心,显示出国家高层对"三农"问题的高度关注。同时,这也说明,我国在工业现代化得到发展后,农业现代化的问题已经到了不能不解决的时候了。但是,免除农业税本身改变的仅仅是不合理的税制,并未触及"三农"问题的根本,即工业偏向、城市偏向的制度诉求。因此,免除农业税后,如果不针对制度层面的不足去解决"三农"问题,即使

---

[1] 胡鞍钢,王绍光,周建明.第二次转型:国家制度建设[M].北京:清华大学出版社,2003.

国家财政对农民补贴再多,即使政府转移支付足以弥补免税造成的缺口,也只能是隔靴搔痒。

在免除农业税以后,中央又先后提出了"统筹城乡发展"的战略思路、"两个趋向的"重要论断和"建设社会主义新农村"的重大历史任务,这是党和国家在调整工农、城乡关系,解决"三农"问题方面的大政方针。免除农业税就是在这样的政策背景下出台的。除此之外,中央也在努力深化其他方面的改革,以消除经济社会发展过程中"三农"问题面临的各种制度性障碍。应该说,工业偏向、城市偏向的制度安排在中央政府层面上正在得到纠正。但问题在于,中央解决"三农"问题的大政方针要靠各级地方政府去落实,而地方政府层面上的工业偏向、城市偏向的制度安排纠正起来就难得多。地方政府为了追求政绩还是比较多地专注于GDP的增长,认为抓"三农"问题是很难抓出政绩的。此外,由于不能从农业上获取税收,地方基层政府解决"三农"问题的内在动力显然不足。因此,在后农税时代,如何纠正地方政府层面上的工业偏向、城市偏向的制度安排,特别是增强地方基层政府解决"三农"问题的积极性、主动性,就显得尤为重要。

第三节 后农税时代解决"三农"问题的路径

从上面的分析可以看出,免征农业税后,一方面由于农业自身的产业特点,会引发一系列的问题,尤其是村镇级机构的功能有可能退化;另一方面免征农业税又不会自动纠正政府的工业偏向、城市偏向的制度安排。因此,后农税时代需要建立更为可靠、更积极的解决"三农"问题的机制,需要更强有力和更关心农民利益的组织出现,需要更大力度、更为彻底地推进制度层面的改革。

一、建立以县为基本单位解决"三农"问题的执行机制

本质上讲,县乡两级政府作为政府的执行层是决策层的"代理人"。取消农业税后,乡镇政府部分或全部地失去了其赖以生存的财政基础,在乡镇机构改革未取得实质性突破、县乡财政管理体制又没有大的变动的情况下,中央政府应对"三农"问题的实际运作采取"以县为主、统筹协调"的方法。这确实具有很重要的实际意义。因为村级组织和镇政府基本上失去了原有职能,而县必然要

接管,一旦这中间存在真空地带,对于"三农"问题的解决必然产生极为不利的影响。县作为行政单位在中国具有悠久的历史。县级政权作为实施政策的调控主体,在统一各部门的力量和兼顾县、乡、村三个层次方面,具有不可替代的作用。

2005年"中央一号文件"在把发展的目标定在提高农业综合生产力的同时,提出了调动农民群众务农种粮的积极性和地方政府重农抓粮的积极性。中央财政对种粮农民减免农业税、实行种粮补贴,对地方政府由于减免农业税而减少的财政收入安排专项转移支付,对产粮大县进行奖励,这种制度安排显然充分考虑了县级政府在解决"三农"问题中面临的财政约束,加大了对县级政府解决"三农"问题的财政激励。这种激励机制应该推而广之,贯穿于政府解决"三农"问题的全过程,并形成财政激励与政绩考核激励相结合的激励机制。其前提是建立有效的约束机制,防止执行层对需求层(也就是农民整体)的挤压。目前,决策层对政府工作的实际绩效的约束主要来自决策层对执行层的工作检查。理想的约束是形成需求层对执行层的倒逼机制,毕竟,农民是政府"三农"政策的直接利益相关者。这有赖于决策层对其反哺供给信息的有效传导,取决于需求层在各种制度力量博弈中的能力结构。

二、组建中国的农业利益集团,成立代言农民的民间组织

通过在法律的框架内就"三农"问题进行利益表达与矛盾疏导,不仅可以逐步恢复农业的造血再生功能,而且可以避免基层矛盾的极端式触发,在政府、社会各利益集团和农民之间构筑起缓冲与调和的通道,有着重要的政治与经济意义。

现阶段农民要求成立的农会,是农民利益的整合和表达组织,是与政府沟通协商的政治参与组织。对农民提出建立农会的要求,如果引导得当,就能够以最小的政治成本、社会成本和经济成本填补目前农村管理体制中存在的制度空白,并为行政体制进一步改革打好基础。分散弱小的农民组织起来,通过正规组织,在正式政治舞台上,正当地表述自己的意愿,在利益攸关问题上对国家决策发挥重要影响,维护自己的正当权益,是市场经济发展所必需的,并与多元化的市场经济格局相适应。中国社会客观上已经处于从工农、城乡分割的二元经济社会结构过渡到工农并举、统筹城乡经济社会发展的新发展阶段,农民已经拥有了长期而有保障的土地承包权,具备了形成独立利益集团的广泛产权基

础。中央已经深刻意识到"三农"问题的全局根源及"三农"兴盛的全局影响,并决意发展社会主义民主政治,赋权于民众,促进民众广泛的参与,让增长的"繁荣"成果广泛为包括低收入阶层在内的所有阶层所分享。这是新世纪的世界性潮流,它在国家免征农业税后显得尤其紧迫。

三、改变不合理的制度安排,给予农民以国民待遇

"三农"问题的根本解决,离不开农民主体作用的发挥。为此,必须营造更好的制度环境,核心是给予农民以国民待遇。

为了保证粮食安全,对粮食生产的重点地区(主要产粮区)、重点品种(如小麦、稻谷、大豆)、重点人群(种粮农民)进行补贴是很有必要的。但如果把财政转移支付作为增加农民收入、缩小城乡收入差距的主要措施,显然是不切实际的。农村人口占全国总人口的50%以上,少数人长期补贴多数人既不现实,也不可能。即使这种做法具有现实可行性,实行这种补贴将导致政府经济政策错位。似乎政府只是施主,单纯以国民收入再分配来拯救低收入的农民,而忽略了农民在经济发展中的主体参与作用。政府的宗旨应该是运用经济政策鼓励农民积极参与经济发展过程,分享经济发展的成果。如果大面积地补贴农业生产,农民生产粮食和各种农作物的积极性会提高,产量会大幅度增加。但由于农产品需求弹性较低,其结果是农民增产不增收。因此,要提高农民收入、缩小工农差别和城乡差别,其根本途径是减少农民,将大量农村剩余劳动力转移到城市工业部门。而如前文所述,我国现在制度方面的不对等,城乡二元化结构,以及中华人民共和国成立以来实行的各种对农民歧视的政策都是后农税时代解决"三农"问题的绊脚石。

给予农民以国民待遇,最重要的是消除户籍管理政策中歧视农民的做法,按照公平的原则,降低农民进城的"门槛",保护进城务工农民的合法权益。认同进城农民工为城镇居民(给其以国民待遇),既是对现实的承认,也是城市作为带动农村发展的火车头的时代责任。农民变市民,是企业稳定员工队伍的重要条件,因而也是城市自身发展的需要。因此,建议实行以固定住所和稳定就业、收入为依据申报城镇户口的政策,实现农民工向稳定的城市市民的转变,在住房、就学、社会保障、社会管理等方面推进与户籍制度改革相关的配套改革。例如,加快城镇住房制度改革,使买房或租房不受户籍和身份限制,消除就学制度中农民工子女的户籍歧视,对农民工的社会保障逐步实现"低水平、广覆盖"

等,使城乡居民能够平等地享受社会福利,促进生产要素在城乡之间合理流动,加快工业化、城市化进程,通过以城带乡解决"三农"问题。①

从"三农"问题产生根源来思考免征农业税的政策效应,它暴露和引发的问题远比它解决的问题要多。有的地方在免除了农业税以后,就认为农民已经是零负担了,甚至认为"三农"问题已经解决了,这显然是没有从农业本身的特点和"三农"问题的制度性根源,并结合当地实际情况来看待免征农业税对农民的影响,没有看到"三农"问题的长期性、复杂性。可以说,免除农业税之后,国家在"三农"问题的解决道路上只是迈出了有意义的第一步,以后涉及更深层次的制度方面改革,势必会触及社会中已经存在的利益集团的既得利益,改革的难度会更大。所以后续既要在财政方面给农业以支持,更要在制度方面进行改革,真正给农民以"国民待遇",给农民以话语权,如此才有可能使"三农"问题不再成为问题。

---

① 孔祥智,王志强.我国城镇化进程中失地农民的补偿[J].经济理论与经济管理,2004(5):60-65.

第八章　宏观调控与"三农"问题

改革开放以来,中国经济出现了 8 次比较明显的波动,包括 5 次经济过热、通货膨胀,2 次金融危机冲击、通货紧缩和 1 次经济持续下行。与此相对应,也经历了 8 轮比较大的宏观调控,包括 5 轮紧缩型宏观调控、2 轮扩张型宏观调控和 1 轮结构性宏观调控。① 宏观调控对国民经济的各个方面都会产生一定的影响,具体到"三农",由于每一轮宏观调控的背景、思路与方式各异,其所带来的影响也会有所不同。本章以第五轮紧缩型宏观调控为例,分析宏观调控对"三农"问题的影响,以及宏观调控背景下"三农"政策的创新。

第一节　宏观调控对"三农"问题的影响

就"三农"而言,扩张型宏观调控自然有利于农业与农村经济发展,但基于农业弱质性及其在国民经济中的基础性地位,即便紧缩型的宏观调控,一般也是有利于其发展的积极性因素。改革开放以来,中国经历了 5 轮紧缩型宏观调控,分别是:(1) 1979~1981 年,应对"洋跃进"带动的基本建设投资过热;(2) 1985~1986 年,应对地方政府攀比增长速度的盲目行为;(3) 1989~1990 年,应对"价格闯关"引发的"抢购风潮",以及严重的通货膨胀与固定资

---

① 雷丙寅,周人杰.论社会主义宏观调控的目标[J].中国流通经济,2012(6):60-65.
刘树成.我国五次宏观调控比较分析[J].价格理论与实践,2004(7):22.
张勇.统筹协调地方政府经济调节与国家宏观调控[M].北京:知识产权出版社,2015.
张勇.标识性概念:宏观调控的理论价值[N].中国社会科学报,2017-3-22.

产投资膨胀;(4) 1993~1996年,应对分权与市场化改革催生的所谓"四高"与"四热";(5) 2003~2004年,应对部分行业的产能过剩和部分地区的物价过高。

与前4轮紧缩型宏观调控相比,第五轮紧缩型宏观调控在各方面都具有新的特点。2003年以来,中国经济在摆脱通货紧缩的阴影后不久,随即出现了煤电油运紧张、部分地区和行业固定资产投资增长过快等"局部过热"苗头。宏观经济形势这一新的根本性变化,客观上要求对宏观调控的政策取向进行及时的调整,即从扩张型转为紧缩型。这一轮紧缩型宏观调控始于2003年下半年,2004年"两会"后力度进一步加大。财政政策由前几年的"积极"逐步转向"稳健",货币政策则相较于前几年更为"稳健","双稳健"的政策已然形成。第五轮紧缩型宏观调控虽以控制局部经济过热为其主要目的,但与"三农"问题也有着密切的关系。

一、第五轮紧缩型宏观调控的"三农"背景

第五轮紧缩型宏观调控是在部分行业过度投资,物价上升的压力开始显现,经济出现局部过热的态势下启动的。同时,这一轮紧缩型宏观调控的启动又有着特殊的"三农"背景。

(一)以粮食全面减产和农民增收困难为核心的"三农"问题日益凸现

2003年我国粮食播种面积下降到中华人民共和国成立以来的最低点,比2002年减少4.3%;粮食产量则下降到近14年来的最低点,较上年减少5.8%。2003年粮食储备量已从上年的2.4亿吨大幅减少到1.8亿吨,人均粮食占有量也已下降到改革以来的较低水平。农民人均纯收入的增幅连续7年没有一年超过5%,年均增长4%,仅相当于同期城镇居民收入年均增长幅度的1/2。2003年农民的人均纯收入为2622元,城镇居民的人均可支配收入为8472元,差距已从1997年的1:2.47扩大为1:3.23。如果考虑到城镇居民享受到而农民享受不到的各种社会福利,城乡居民的实际收入差距会更大。

(二)部分行业过度投资是"三农"问题日益凸现的重要原因

第五轮的局部经济过热,主要是由房地产、汽车、钢铁、水泥、电解铝等行业的投资需求拉动的,而这些行业投资过热又主要源于地方政府的扩张冲动。①很多地方政府片面追求 GDP 的增长和政绩,在"加快城镇化""经营城市""招商引资"等口号下,以空前规模地侵占农民的土地,同时又只按计划经济时期规定的标准给予极少的土地补偿费。盲目设立开发区、大量圈占土地,必然导致耕地面积快速大幅度减少,使农业生产能力和农民基本权益受到严重损害。据一些专家测算,改革开放后的 20 年内,国家向农民征用土地约 1 亿亩,国家利用垄断一级市场的制度和征地廉价剪刀差(土地市场价与征地补偿费之差),总共从农民手里拿走土地资产达 2 万亿元以上。② 此外,部分行业过度投资也导致资金大量转向非农产业。2002 年,农村所创造的增加值占中国 GDP 总量的 46.1%,但是,它们享受的贷款只占全社会贷款总额的 10.4%。这不仅制约了农业和农村经济的发展,而且在很大程度上影响到农村经济结构的调整和农民收入的增加。

(三) 日益凸现的"三农"问题已经成为制约国民经济发展的重要瓶颈

与前 4 轮经济过热都是投资需求和消费需求的双膨胀不同,第五轮局部经济过热主要表现为投资需求膨胀,而在投资、出口高增长的同时,消费增长仍然不强。2003 年,投资需求增长 26.7%,出口需求增长 34.6%,消费需求仅增长 9.2%。由此可见,自 1997 年以来的消费增长乏力问题依然存在。制约我国整体消费水平提高的一个重要因素,是农村人口过多,而消费水平偏低。根据 2003 年的人口统计,我国农村人口接近 7.7 亿人,占总人口的 59.5%,农村市场集中了我国最大的消费群体。但是,近年来由于农村经济发展出现停滞状态,农民出现增收困难,使得农村消费处于很低的水平,农村人口的人均消费仅及城市人口的 1/3。投资形成的生产能力毕竟有较大部分要增加消费品的供给,在投资高速增长而消费增长乏力的情况下,只会带来生产能力的更大过剩和产品的更多积压,从而可能诱发新的通货紧缩现象出现。

二、第五轮紧缩型宏观调控的"三农"指向

基于特殊的"三农"背景,第五轮紧缩型宏观调控有着明显的"三农"指向。

---

① 夏杰长.地方政府:推动经济过热的重要因素[J].改革,2004(5):19-22.
② 陈锡文.资源配置与中国农村发展[J].中国农村经济,2004(1):4-9.

这主要体现为,这一轮紧缩型宏观调控的目标、调控的策略、调控所面临的利益格局等方面都具有新的特点,而这些特点要求"三农"政策必须做相应调整。2004年初下发的"中央一号文件",是中央加强和改善宏观调控的重要之举,更是对"三农"政策做重大调整的启动性信号,从而为缓解"三农"问题带来前所未有的机遇。

(一) 加强农业是第五轮紧缩型宏观调控的一项重要任务

与前4轮紧缩型宏观调控针对的都是经济波动中已经出现的超过11%的"大起"高峰不同,第五轮紧缩型宏观调控启动时(2003年)的经济增长率为9.1%,故其调控的目标是防止经济出现"大起",防止"大起"导致"大落",以实现经济平稳较快发展。基于农业在国民经济中的基础性地位,更基于近年来农业基础地位的被不断削弱,要保持经济平稳较快发展,就必须巩固和加强农业这个基础。因此,新一轮宏观调控的一个重要任务,是巩固和加强农业基础地位,实现农业增产和农民增收。为巩固农业基础地位,国家及时对农业政策做出了重大调整:一是首先取消除烟叶外的农业特产税,然后逐步减免农业税,以减轻农民负担。二是对种粮农民实行直接补贴、良种补贴和大型农机具购置补贴,以打通工业反哺农业、财政反哺农民的道路。三是最严格地保护耕地,加大农业投入,严控农业生产资料价格,实行粮食最低收购价,从而为农业增产、农民增收保驾护航。

(二) 农村属于第五轮紧缩型宏观调控的扩张面

与前4轮紧缩型宏观调控相比,第五轮紧缩型宏观调控的基调也是紧缩,但又不是全面紧缩,而是适时适度,区别对待,不"急刹车",不"一刀切"。农业、农村属于经济社会发展中的薄弱环节;农民消费需求不足是居民消费需求不足的主要原因;"三农"问题既是当前国民经济和社会发展中的突出问题,又是贯串中国现代化过程的基本问题;农业本身的产业特征和市场机制调节农业的局限性等多方面原因,决定了农村不仅是第五轮紧缩型宏观调控的重点,而且调控的目的不是削弱而是加强,不是紧缩而是扩张。通过严把信贷和土地两个闸门,在对部分投资过热行业加以抑制的同时,国家利用腾出的资源对农村政策做出了必要调整:一是加强农村基础设施建设。中央已决定,国家固定资产投资用于农业和农村的比例要保持稳定,并逐步提高,尤其是与农民生产生活息息相关的"六小工程",要进一步增加投资规模,充实建设内容,扩大建设范围。二是加快农村社会事业发展。2003年初,中央就已提出今后新增教育、卫生、文化等事业经费主要用于农村。在2004年初下发的"中央一号文件"中,中央对各地区和有关部门又重申了这一要求。为贯彻中央的这一重大决策,各级政府均对支出结构进行了调整,切实加大公共财政对农村社会事业的投入,让公共财政的阳光普照广大农村,公共财政的雨露滋润亿万农民。

(三) 农民的利益和代表农民利益的声音受到了空前关注

前4轮紧缩型宏观调控都发生在原有的计划经济体制逐步转型,但尚未完成"基本转型"的过程中,而第五轮紧缩型宏观调控则是在我国社会主义市场经济体制初步建立之后的第一次紧缩型宏观调控。这次紧缩型宏观调控中,市场经济条件下利益主体多元化充分表现出来,形成了错综复杂的利益格局。这种利益主体多元化折射到学术界和新闻媒体,形成各种声音的多元化。[①] 其中,农民的利益受到了学术界和新闻媒体的空前关注,反映农民利益的呼声也日益受到决策层的高度重视。在这种社会氛围下,国家推出了一系列直接惠及农民的新政策:一是千方百计增加种粮农民的货币收入。这已体现在上述农业政策的调整中,此处不再赘述。二是切实保障失地农民的基本权益。中央已明确要求,各级政府要通过完善土地征用程序和补偿机制,提高补偿标准,改进分配方法,妥善安置失地农民,并为失地农民提供社会保障。三是努力改善进城农民的就业环境。中央已明确提出,进城就业的农民工已经成为产业工人的重要组成部分,城市政府要取消对农民进城就业的限制性规定,加快建立城乡统一的劳动力市场,为农民工在城市安心务工就业创造条件。

在第五轮紧缩型宏观调控过程中,上述"三农"政策的调整,使农业和农村经济发展在较短时间内发生了趋势性变化,初步显现了对"三农"问题的缓解作用。"三农"问题得以缓解的主要标志,是农业在紧缩型宏观调控中得到加强,2004年初中央确定的粮食增产和农民增收两大目标均已顺利实现。2004年我国粮食生产出现重要转机,全年粮食总产量达4.695亿吨(预期目标是4.55亿吨);农民人均纯收入实际增幅达6.8%(预期目标是5%),是1997年以来农民

---

① 刘树成. 我国五次宏观调控比较分析[J]. 价格理论与实践,2004(7):22.

收入增幅最高的一年。此外,随着公共财政对农村投入的显著增加,农村基础设施建设和社会事业发展也呈现良好态势。

第二节 宏观调控背景下的"三农"政策创新

在始于2003年下半年的第五轮紧缩型宏观调控大背景下,中央出台了一系列加强农业、繁荣农村、富裕农民的政策。这一轮宏观调控首先在"三农"领域取得成效。因此,"三农"政策的调整与这一轮宏观调控的相互关系自然成为人们关注的焦点。刘维佳将中央在新一轮宏观调控大背景下出台的一系列重农政策概括为"新农业政策",并就其基本框架及未来走势加以探讨。①"新农业政策"概念的提出,确实对新阶段农业政策的研究和讨论提供了一个很好的概念框架。但是,中国存在的不仅仅是一个农业问题,而是农业、农村和农民这"三农"问题;中央在第五轮紧缩型宏观调控大背景下出台的一系列重农政策,也不仅是针对农业的,而是针对整个"三农"的。因此,非常有必要将有关重农政策的研究和讨论从单纯的农业领域拓展到整个"三农"领域。受"新农业政策"概念的启发,我们提出了新"三农"政策的概念,勾勒其基本框架,评价其实践成效,探寻其未来走向。②

一、新"三农"政策的三大支柱

始于2003年下半年的第五轮紧缩型宏观调控,是在部分行业过度投资、物价上升的压力开始显现、经济出现局部过热的态势下启动的。同时,由于部分行业过度投资,土地、资金等要素大量转向非农产业,加之种粮比较效益低等原因,导致我国粮食生产和农民收入一直在低谷徘徊,城乡差距呈不断扩大之势。基于这样的背景,第五轮紧缩型宏观调控有着明显的"三农"指向。2004年初下发的"中央一号文件"《中共中央国务院关于促进农民增加收入若干政策的意见》,是中央加强和改善宏观调控的重要之举,更是对"三农"政策做重大调整的

---

① 刘维佳. 我国宏观调控与新农业政策[J]. 农业经济问题,2004(10):4-7.
② 杨国才. 新一轮宏观调控背景下的新"三农"政策:对"新农业政策"的一个扩展[J]. 农业经济问题,2005(3):30-34.

启动性信号。"中央一号文件"突出了促进农民增收这个主题,同时也涉及"三农"的各个方面。为配合"中央一号文件",中央随后又连续出台了一系列重农政策。这些政策措施的出台,构建起了新"三农"政策的基本框架。由于"三农"问题是对农业、农村、农民问题的概括,构成新"三农"政策基本框架的就有相互联系的三大支柱。

(一) 新农业政策

农业是弱质产业,在第五轮紧缩型宏观调控的大背景下,为了发展粮食生产,强化农业基础地位,国家及时对农业政策做出了重大调整。刘维佳将农业政策的这一重大调整概括为4个方面:一是中央的一号文件成为我国新农业政策的基础性文件。二是首先取消农业特产税,然后减免农业税,"取消"和"减免"这两项政策措施确定了新农业政策的导向。三是对种粮农民直接补贴、良种补贴和大型农机具购置补贴,这3项补贴政策打通了工业反哺农业、财政反哺农民的道路,形成了新农业政策的重要支点。四是最严格保护耕地,加大农业投入,严控农业生产资料价格,实行粮食最低收购价,构成了新农业政策的4项保障措施。[①] 由于2004年"中央一号文件"是针对整个"三农"问题的,因此我们将其视作新"三农"政策的基础性文件,而就新农业政策来讲,主要内容实际上就是刘维佳所概括的后4个方面。这4个方面农业政策的重大调整,为保护农民种粮的积极性、夯实农业基础地位提供了重要的政策保障。

(二) 新农村政策

在第五轮紧缩型宏观调控大背景下,为了改变农村落后面貌,缩小日渐扩大的城乡差距,国家适时对农村政策做出了必要调整。这一调整主要体现在以下三个方面:

(1) 加强农村基础设施建设。中央决定,国家固定资产投资用于农业和农村的比例要保持稳定,并逐步提高;适当调整对农业和农村的投资结构,增加支持农业结构调整和农村中小型基础设施建设的投入;尤其是与农民生产生活息息相关的"六小工程",要进一步增加投资规模,充实建设内容,扩大建设范围;同时要求各地从实际出发,因地制宜开展各种农村小型设施建设,并且创新和

---

① 刘维佳.我国宏观调控与新农业政策[J].农业经济问题,2004(10):4-7.

完善农村基础设施建设的管理体制和运营机制。农村基础设施建设的加强,对改善农民生产生活条件,带动农民就业,增加农民收入,无疑将发挥积极作用。

(2)加快农村社会事业发展。2003年初,中央就已提出今后新增教育、卫生、文化等事业经费主要用于农村。在2004年初下发的"中央一号文件"中,中央又要求各地区和有关部门要切实把发展农村社会事业作为工作重点,落实好新增教育、卫生、文化等事业经费主要用于农村的政策规定,并且每年都要对执行情况进行专项调查。加快发展农村社会事业,对于提高农民科学文化素质,开发农村人力资源;提高农民健康水平,保护农村生产力;提高农民思想道德水平,丰富农民精神生活,都有着极为重要的意义。

(3)深化农村经济、社会、政治体制改革。在经济体制方面,通过改革农地制度、农村流通体制、农村税费体制、农村金融体制,加快农村经济市场化进程。在社会体制方面,通过改革户籍制度、劳动就业和社会保障制度、教育体制,促进城乡社会一体化进程。在政治体制方面,通过提高农民的政治参与度,加强以村民自治为核心的基层民主制度建设,推动农村政治民主化进程。深化农村各项改革的意义在于,消除发展过程中农民面临的各种体制障碍,"放活"农民,让农民平等地参与发展过程,从而充分地分享发展成果。

(三) 新农民政策

农民是弱势群体,在第五轮紧缩型宏观调控大背景下,为了切实保护农民经济利益和民主权利,国家推出了一系列直接惠及农民的新政策:一是千方百计增加种粮农民的货币收入。这已体现在上述新农业政策中,此处不再赘述。二是切实保障失地农民的基本权益。中央明确要求,各级政府要通过完善土地征用程序和补偿机制,提高补偿标准,改进分配方法,妥善安置失地农民,并为失地农民提供社会保障。三是努力改善进城农民就业环境。中央明确指出,进城就业的农民工已经成为产业工人的重要组成部分。城市政府要取消对农民进城就业的限制性规定,加快建立城乡统一的劳动力市场,要切实把进城农民工的职业培训、子女教育、劳动保障及其他服务和管理经费纳入正常的财政预算,从而为农民工在城市安心务工就业创造条件。

二、新"三农"政策的三大突破

在社会经济运行中,公共政策的一个重要功能是协调各种利益关系,从新

"三农"政策的基本框架及其初步实践中,我们可以看出它在协调以下三方面关系上取得了突破性进展。

(一) 工农关系的突破

发展经济学认为,随着工业化的发展,工农关系要在政策上逐步调整。在工业化启动期和发展初期,工业的成长主要依靠农业提供的剩余积累,这是农业哺育工业阶段。步入工业化中期,工业的发展完全依靠自身的剩余积累来推进,这是工农自养或平衡发展阶段。进入工业化后期,工业剩余开始回流农业,这是工业反哺农业阶段。工农关系的这种演变及其政策调整,在世界各国工业化进程中是一个共同趋势。然而回顾中国的工业化历程,工农关系并未依此趋势在政策上作出相应调整。新中国成立初期,我国为快速推进工业化而在国民收入分配上实行工占农利政策,[①]以便将大量农业剩余资金转化为发展工业的原始积累。据测算,1952~1978年,国家通过"明拿"(农业税)和"暗取"(工农业产品价格剪刀差)从农业取走的剩余资金高达4874.2亿元。[②] 改革开放以后,特别是20世纪90年代初以后,虽然国家工业化开始步入中期阶段,工业已经具备了自我积累的能力,但是工占农利政策非但没有发生根本性的改变,反而更加突出。有专家估算,20世纪90年代以来每年的工农业产品价格剪刀差均在1000亿元以上,且呈扩大趋势,[③]再加上当时平均每年400多亿元农业税,仅此两项就远远超过改革开放前的平均水平。此外,改革开放后工占农利还出现了一种新的形式,这就是征地剪刀差。前文已述及,据一些学者估计,改革开放后的20年内,国家通过先低价向农民征用土地、后高价向市场出让方式,至少从农民手中拿走资金2万亿元以上。由此可见,我国工农关系长期处于扭曲状态。这种不合理的工农关系及其固化,尽管把工业前途给照亮了,但对农业发展和农民增收产生了持久的阻滞作用。

20世纪90年代中后期以来,我国粮食生产和农民收入一直在低谷徘徊,城乡差距呈不断扩大的势头。种粮比较效益本来就很低,加之部分行业过度投资,土地、资金等要素大量转向非农产业,2003年我国粮食播种面积下降到中华人民共和国成立以来的最低水平,粮食产量下降到近14年来的最低点,农民

---

① 程漱兰.中国农村发展:理论和实践[M].北京:中国人民大学出版社,1996.
② 冒天启,朱玲.转型期中国经济关系研究[M].武汉:湖北人民出版社,1997.
③ 朱新武.把农村流失的资金返还给农村[J].中国国情国力,1998(9):27-28.

收入增幅已连续7年低于5%。面对以粮食全面减产和农民增收困难为核心的"三农"问题的日益凸现,中央及时做出加强宏观调控的决策和部署,果断采取了增加农民收入、发展粮食生产、强化农业基础地位的宏观调控措施;取消农业特产税并逐步减免农业税,对种粮农民实行直接补贴、良种补贴和农机具购置补贴,以及增加财政对农业的投入。这一系列政策的出台,标志着国家对农业已由过去的"多取、少予"转变为"多予、少取",工业对农业已由过去的"抽吸"转变为"反哺",并且这种转变已不可逆转。

(二) 城乡关系的突破

我国自20世纪50年代后期开始,为了集中力量进行国家工业化建设,形成了以户籍制度为核心内容的一系列偏向城市的城乡二元体制。严格的户籍制度与城市偏向的粮油供应制度、劳动就业制度、社会福利制度、教育制度相结合,将农民无情地排斥在工业化、城市化进程之外,从而形成城市居民和农村居民两大不平等的社会利益集团,陆学艺称之为"城乡分治、一国两策"。[①] 改革前,由于工业大多集中于城市,因此体制安排上的城市偏向是工业优先政策取向的必然结果。改革开放以后,城乡分割的户籍管理体制有所松动,粮油供应制度被取消,农村大量劳动力流入城市打工。但是,这只是一种体制外的、暂时的流动,不改变户籍,不享受城市福利,也不纳入城市管理,甚至一些城市还出台了若干排斥、歧视农民工就业的政策。因此,尽管"城乡分治、一国两策"是在计划经济条件下形成的,但随着计划经济向市场经济的转轨,这一体制并未受到根本触动。无论在经济、政治、社会上,农村人口与城市人口所享有的国民待遇都有天壤之别。由此可见,改革开放以后,城乡分割的二元体制已逐渐演变成一种权益结构,维护着城市阶层的既得利益,农民阶层则长期受这一体制的束缚而成为最大的利益受损群体。事实上,在中国城乡差距已经畸变为一种城乡鸿沟。[②]

面对日益扩大的城乡鸿沟,中央依据科学发展观的要求,明确提出解决"三农"问题必须统筹城乡经济社会发展,且将农村作为协调发展的重点。加强农村基础设施建设,将新增教育、卫生、文化等事业经费主要用于农村,为农村发

---

① 陆学艺.走出"城乡分治,一国两策"的困境[J].特区展望,2000(3)13-16.
② 雷晓宁."农民进城"还是"资金下乡":谈城乡鸿沟及其政策取向[J].改革,2003(2):27-32.

展创造了基础条件。深化农村经济、社会、政治体制改革,则为农村发展提供了必要的体制保障。这表明,长期存在的"城乡分治"已开始向城乡一体化方向发展,城乡鸿沟将逐渐弥合。

(三) 政府与农民关系的突破

和国际上通行的三级政府不同,我国实行的是五级政府架构,即"中央—省—地级市—县(区)—乡镇"。其中位居基层的县、乡基本上是靠"以农养政","搜刮"农民是县、乡财政的主要获取方式。[①] 改革开放以来,基层政府尤其是乡镇政府部门以农业税为载体,派生出从农民攫取剩余的名目繁多的税费负担,且"取之于农民"不是为了"用之于农民",而是为了解决乡镇干部的吃饭和福利的需求。由于乡镇政府的主要职能已由服务农民异化为"搜刮"农民,加之农民负担过重已经威胁到一些农民的最基本的生存需要,必然导致"集体性抗议"的不断增加,大规模群众上访事件的不断发生,干群关系全面紧张,这些已经成为影响农村稳定的重要因素。

面对农民的不堪重负及由此引发的一系列社会问题,中央决定在巩固和发展过去农村税费改革成果的基础上,从 2004 年起取消农业特产税(除烟叶外),逐步降低农业税,平均每年降低 1 个百分点以上,5 年内取消农业税。实际上,2006 年就已经彻底废除了农业税。前文已提及,农业税减免的意义不仅在于每年减少农民人均几十元的负担,更重要的是为乡镇机构改革和农村基层民主建设增加推力,创造条件,从而也为改善农村干群关系营造氛围。首先,农业税减免以后,乡镇实现了从"以农养政"向"农不养政"的转变。乡镇政权靠上级财政统筹后,其基本职能就从"搜刮"农民转变为服务农民,上级政府也真正产生了改革乡镇体制和机构的动力。其次,农业税减免以后,村干部的主要工作从完成乡镇布置的任务转变为管理本村事务,村委会从主要对乡镇负责转变为主要对村民负责。至此,以村民自治为核心的农村基层民主建设才会有实质性进展。

三、新"三农"政策的三大走向

尽管新"三农"政策在工农关系、城乡关系、政府与农民关系上取得了重大

---

① 李昌平. 取消农业税将引发一系列深刻变革[J]. 读书,2004(6):88-93.

突破,并在实践中已初见成效,但这项政策在出台初期,它又不可避免地存在某些局限性。针对这些局限性,需要对"三农"政策加以充实和完善,以便更好地发挥其政策效应。

(一) 原有"三农"政策带有一定的短期安排特点,解决"三农"问题的长效机制尚待建立

原有"三农"政策的一些具体措施,如粮食最低收购价、良种补贴、遏制农资价格上涨、减轻农业赋税等,都是在粮食供求形势堪忧、农民增收形势严峻、城乡差距畸形扩大的背景下出台的,因而多少带有短期安排的特点。短期安排的意义在于,在长远目标一时实施起来还有许多困难的情况下,可以起到立刻缓解"三农"问题的作用,并且还能以短促长,从而一步步缩小工农、城乡之间的差距。尽管短期安排具有见效快的特点,但其政策效应是递减的。更为重要的是,短期安排毕竟是立足当前所采取的具体措施,而非解决"三农"问题的治本之策。要从根本上解决"三农"问题,还需着眼长远,构建促进"三农"状况持续改善的长效机制。为此,一方面要继续坚持和完善已被实践证明是行之有效的政策措施,可以把一些长期起作用的政策逐步法制化,政策力度还可进一步加大。另一方面,就长期而言,还必须减少农民,这是解决"三农"问题的治本之策。农民减少了,一则可以扩大农户经营规模,二则可以为政府进一步加大农业补贴力度创造条件。因此,在加快工业化、城市化进程的同时,鼓励、引导农民向非农产业和城市有序转移,应成为今后"三农"政策的一大重要走向。

(二) 原有"三农"政策主要靠中央政府推动,地方政府的作用尚待发挥

中央解决"三农"问题的决心很大,已经出台的"三农"政策的含金量很高。但是,要把含金量很高的"三农"政策真正变成金子,关键还要靠各级地方政府去落实。从笔者在基层所了解的情况看,相对于过去,现在地方政府对"三农"问题的重视程度有了明显提高;但相对于中央政府,地方政府对"三农"工作的关注程度又不足。这主要表现在两个方面:一是地方政府往往存在这样一个误区,即认为抓"三农"抓不出政绩,因而抓"三农"工作的积极性不高,主动性不够,导致政府工作重心难以向农村下移,资源配置难以向农村倾斜。甚至一些地方政府不将中央出台的惠农政策及时准确地告知农民,不将中央给予农民的好处及时足额地兑现给农民。二是地方政府在工作方式上习惯于通过会议来

传达会议,以文件来落实文件,对本地"三农"问题研究不多,因而容易造成对中央政策理解和执行上的片面和脱离实际。殊不知,中国这么大一个国家,各地农村自然、经济、社会条件差异很大,如果无视区域间存在的巨大差异,就很难做到将中央政策和地方实际紧密结合起来,从而就难以创造性地开展"三农"工作。因此,在中央逐步加大重农政策力度的同时,如何充分调动和发挥地方政府的积极性、主动性和创造性,加大对"三农"工作的领导力度,将是今后"三农"政策必须解决的一个重要课题。

(三) 原有"三农"政策条件下政府与单个农户的交易成本过高,农民的组织化程度亟待提高

原有"三农"政策的很多措施,如"三补一减",即粮食直接补贴、良种补贴、农机具购置补贴和减免农业税,都是以政府与农民直接交易的方式来实施的。但是,中国有2亿多小农户,8亿多农民,按照交易费用理论,政府与这么多的单个农户或分散农民的直接交易,其交易成本高得惊人。即便是其他东亚小农国家比如日本、韩国,尽管农民人口比我们少得多,但政府法定的投入也不是直接投给单个农户,而是投给那些组织起来的农民,即各种形式的农村基层合作经济组织。[①] 这不仅降低了政府与单个农户直接交易的成本,同时也有利于政府支农资金的集中统一使用。此外,通过合作经济组织将农民组织起来,还能大大增强单个农户在市场中的交易地位,弱化其所面临的市场风险。因此,在政府不断加大对"三农"投入力度的同时,如何引导农民建立自己的合作经济组织,借此提高农民的组织化程度,将是今后"三农"政策需要着力解决的又一个重要课题。

第三节 抓住宏观调控机遇,力促"三农"问题缓解

第五轮紧缩型宏观调控虽取得了一定成效,但农业增产和农民增收的基础还不稳固,解决"三农"问题的长效机制尚未建立。因此,其后中央确定的2005年发展改革工作的主要任务之一就是继续加强和改善宏观调控,保持经济平稳

---

① 温铁军.解构现代化:温铁军演讲录[M].广州:广东人民出版社,2004.

较快发展,以及加强农业综合生产能力建设,促进粮食稳定增产和农民持续增收(2005年"中央一号文件"就是关于这方面问题的)。具体而言,面对宏观调控初见成效的有利时机,着力从以下方面为进一步缓解"三农"问题做出努力。

一、抓住控制过热行业投资的机遇,促进资源配置向农村倾斜

农业和农村经济发展滞后的直接原因,是城乡间资源配置的错位,即在市场和政府的双重作用下资源配置的天平过分向城市倾斜,农业、农村则长期遭受冷落。恢复农村自身的经济活力,关键是要扭转错位的资源配置。资金是龙头要素和最具组织作用的资源,实现资源配置向农村倾斜,关键是要让"资金下乡"。因此,在实施第五轮紧缩型宏观调控、控制过热行业投资过快增长的情况下,进一步加大了国债资金和财政资金对"三农"的投入比重及资金规模,并以此将资金引导到农业、农村这样长期偏冷的行业和地区。政府对"三农"的投入应主要用于:投资于农业及其相关领域的知识与技术;投资于农村基础设施;投资于广大农民人力资本。[①] 政府增加对"三农"的投入,不仅可以提高农产品质量和国际出口能力,改善农民生产生活条件,提高农民的发展能力,更为重要的是,由于政府投资改善了农村投资环境,从而可以带动民间投资进入农村。实际上,由于农村投资边际报酬高于城市,农村地区具有独特的生态优势,加之农产品市场空间广阔等原因,在中国,农业和农村有着极为可观的投资价值。[②] 过去,理性的逐利资本之所以远离农村,主要是因为农村投资环境太差。现在,随着公共投资的增加,逐利资本存在所必需的公共建设将会得到加强和改善,民间资本自然会选择进入农村。

二、抓住宏观环境改善的机遇,推动各级政府工作重心向农村下移

经过第五轮紧缩型宏观调控,国民经济强劲增长势头会更好地保持下去。非农产业的较快发展,既对农产品提出了较大需求,也对农村剩余劳动力转移形成了新的拉动力,农产品市场环境和农村劳动力外出就业环境正在得到逐步改善。同时,全社会上下业已逐渐形成一个有利于农业、农村经济发展和农民收入增加的制度和政策环境氛围。面对宏观环境改善的有利时机,要求各级政

---

① 胡鞍钢. 加入WTO后的中国农业和农民[J]. 群言,2002(6):8-10.
② 雷晓宁. "农民进城"还是"资金下乡":谈城乡鸿沟及其政策取向[J]. 改革,2003(2):27-32.

府尤其是地方政府要因势利导,及时将工作重心向农村下移,以切实加强对农村工作的领导。在思想观念上,地方政府必须树立科学的发展观和正确的政绩观,确立抓"三农"就是抓最大的发展、抓"三农"也能抓出政绩的新理念。只有地方政府观念更新了,对"三农"问题重视了,其工作的主要精力才有可能从城市转向农村,资源配置也才有可能真正地向农村倾斜。另一方面,中国这么大一个国家,各地农村自然、经济、社会条件差异很大。这就要求在工作方式上,地方政府的领导干部必须带头深入农村,大兴调查研究之风,摸清本地农村的实际情况,找出其比较优势和劣势。只有这样,才能将中央政策和地方实际紧密结合起来,从而探索出一条符合当地实际的解决"三农"问题的新路子、新方法。在这方面,闻名全国的福建"南平经验",[①]一时成为各地认真学习和借鉴的样本。

三、抓住政府农业宏观调控能力增强的机遇,完善农业宏观调控体系

长期以来,我国农业政策的直接目标是提高农产品产量,特别是主要作物粮、棉、油的产量,很少真正以提高农民收入为目标。问题在于,如果农民收入目标不能满足,农产品供应目标就很难得到保证。于是,在传统计划经济条件下,国家就不得不运用一些行政手段来强制农民生产粮食。但在市场经济条件下,强制农民生产粮食的做法,不仅有悖市场经济的基本原则,实际上也行不通。出路只能是,保护农民的经济利益,尊重农民的经营自主权,在增加农民收入的基础上刺激农业生产发展,即以实现收入目标达到供应目标。相应地,农业宏观调控手段体系必须从以行政手段为主转变为以经济手段为主,加大投入是必要前提,完善体系是重要保证。根据我国国情和加入 WTO 后的要求,借鉴其他国家经验,完善农业宏观调控体系,关键是选择符合市场经济发展要求的农业宏观调控目标及其手段。首先,在农业宏观调控目标的选择上,应该以促进农民增收为首要目标,通过促进农民增收来刺激农业生产发展,确保国家粮食安全。其次,在农业宏观调控手段的选择上,政府应主要运用经济手段和法律手段,辅之以必要的行政手段,从而建立起三种手段相互联系、相互补充、相互制约的有机调控手段体系。

---

① 杨金鑫."南平经验":破解"三农"问题的尝试[J].中国农村经济,2002(10):69-23.

四、抓住取消农业税的机遇,推进乡镇机构改革和农村基层民主建设

到 2006 年,农业税已经彻底退出中国历史舞台。取消农业税为乡镇机构改革和农村基层民主建设增加了推力,创造了条件。[①] 必须抓住取消农业税带来的历史性机遇,加快乡镇机构改革和农村基层民主建设等上层建筑领域的变革,以便更好地"放活"农民。

就乡镇机构改革来讲,短期主要是精简机构和人员,转变乡镇政府职能和调整行政区划,撤并小规模乡镇;长期可考虑将乡镇政府改成乡公所,作为县政府的派出机构,不具有独立的财政和人事权利,协助县政府进行区域管理。文教卫生、公安司法等公共机构归县政府直接管理,将乡镇站、所改制为合作经济组织。[②] 这样既有利于降低行政管理成本,提高行政管理效率,又有利于减轻农民负担。

就农村基层民主建设而言,其核心是村民自治,即广大农民群众直接行使民主权利,依法办理自己的事情,实行自我管理、自我教育和自我服务。村民自治的主要组织形式是村民委员会。随着乡镇机构改革的推进,国家行政力量将逐渐从农村退出,政府对农村社会的控制会逐步弱化,此时村民自治的最大阻力终将被克服,村民委员会的作用必将得到极大提升。根据国家法律规定,由全体村民选举产生的村民委员会将负责办理本村的公共事务和公益事业,支持和组织村民发展生产、供销、信用、消费等各种形式的合作经济,管理本村属于村民集体所属的土地和其他财产。这样既为减轻农民负担提供了切实保障,又可充分调动广大农民的积极性和主动性,促进农业和农村各项事业的全面发展。

[①] 李昌平. 取消农业税将引发一系列深刻变革[J]. 读书,2004(6):88-93.
[②] 刘克崮,张桂文. 中国"三农"问题的战略思考与对策研究[J]. 管理世界,2003(5).

第九章 涉农体制改革与"三农"问题

农民阶层长期受城乡分割二元体制的束缚而成为最大的利益受损群体,要通过深化农村经济、社会、政治体制改革,以此促进城乡一体化进程,消除发展过程中农民面临的各种体制障碍。"市管县"体制在总体上对"三农"问题的负面影响已大大超过其正面效应,要积极推进"市管县"向"省管县"转变,为解决"三农"问题创造适宜的行政体制环境。

第一节 以深化农村综合改革推进城乡一体化

经济社会的发展必须有农民的参与,如果将农民排除在外,发展就是不可能的,即使可能,农业增产、农民增收的目标也难以实现。必须深化农村经济、社会、政治体制改革,以此消除发展过程中农民面临的各种体制障碍,"放活"农民,让农民平等地参与发展过程,进而充分地分享发展成果。

一、深化农村经济体制改革,加快农村经济市场化进程

(一)改革农地制度,建立健全土地流转市场

一是赋予农民长期而有保障的土地使用权。通过专门立法,建立明确的农用土地产权制度,在坚持土地集体所有的前提下,赋予农户长期稳定的承包经营权,并适当延长土地承包期;完善农地使用权的权能结构,使之包括占有权、转让权、入股权、抵押权等方面的权益。二是建立土地使用权流转机制。土地

流转要坚持自愿、依法、有偿的原则,遵照有关法律法规和中央的政策,健全制度,按规范的程序进行。三是探索多种形式的农村社会保障制度,逐步替代承包土地对农民的生活保障功能,还土地的生产要素性质。

(二) 改革农村流通体制,完善农产品市场体系

一是建立统一开放的农产品市场体系。二是建立价格形成的市场机制。三是加快农产品批发市场建设。四是制定农产品质量标准,尽快建立与国际接轨的农产品质量标准体系。五是加快农产品市场公共信息体系建设步伐。

(三) 改革农村税费体制,建立公共财政体制

一是巩固和发展税费改革的成果,进一步减轻农民的税费负担,为最终实现城乡税制的统一创造条件。二是深化乡镇机构改革,进一步精简乡镇机构和财政供养人员,在有条件地区尝试撤销乡镇一级政府机构。这是防止农民负担反弹的关键。三是建立公共财政体制,让公共财政的"阳光"逐步照耀到农村。建立公共财政,就是将财政支出主要用于满足人民群众在政治、经济和文化等各方面的公共需要;一切凡是能够面向市场、有经济效益的项目建设,政府财政都应退出来,都应通过市场机制的运作,由业主来投资建设。只有建立起公共财政体制,才能腾出更多的财政资金,用于加大对"三农"的投入。

(四) 改革农村金融体制,培育农村金融市场

一是改革农村信用社。可以采取股份制的办法,广泛吸纳村集体经济组织、农村企业、农村专业合作组织、农业专业大户等参股,把农村信用社改造成农村合作金融组织,并采取免税或低税率的政策,在保证农村信用社可达到不低于一般商业银行同等赢利水平的条件下,鼓励农村信用社以低于商业银行的利率给农民发放贷款。二是改革农业发展银行。要改变农业发展银行只承担粮棉收购资金贷款的单一功能,切实用好用足 WTO 的"黄箱"政策,充分体现国家对弱势产业和基础产业的特殊支持,将农业发展银行改建成为农业产业化服务的政策性银行,保障农业发展的资金需求,并利用改革后的农村信用社的网络,发展委托业务。三是国家应建立政策性的农业保险公司。要切实改变农业保险无人问津的局面,对风险较大的农业项目进行保险,以保护投资者和生产者的利益。

二、深化农村社会体制改革,促进城乡社会一体化进程

(一) 改革户籍制度,打破城乡分割

改革户籍制度,就是恢复其户籍登记的本来面目,把粘附在户籍制度上的各种不合理的制度规定全部剥离出去,城乡都按照常住人口与暂住人口进行户籍登记。只要在城里有合法的住处,有较稳定的收入来源,一句话,就是在城里有基本生存条件的人口,都可以登记为城镇常住居民,让农民享有自由进城和自由迁徙的权利。只有拆除了城乡壁垒,才能为要素流动创造条件。这样,城乡之间的差距缩小才有可能。

(二) 改革劳动就业和社会保障制度,统筹城乡劳动力市场

一要改变"农民进城会抢城里人的饭碗"的片面认识,打破农村劳动力和城市劳动力在政策上、制度上的界限,以劳动力素质作为就业主要标准,建立城乡统一就业制度,健全统一、开放、竞争、有序的城乡一体化的劳动力市场。二要改变"土地就是农民的保障"的片面认识,改革原来主要涉及国有单位的福利保障制度,扩大社会保障面,逐步建立农民与市民平等一致的、包括养老、失业、医疗保险等在内的社会保障体系,为市场经济的顺利发展编织一张社会安全网。当前,应把最低生活保障制度从城市向农村延伸,还要建立农村大病保险制度和农村合作医疗制度。

(三) 改革教育体制,统一城乡义务教育

知识经济时代,国家的实力依靠国民的素质。义务教育的"义务"是双重的,一方面,公民有让其子女完成九年基础教育的义务;另一方面,政府也有为学生提供良好教育服务的义务。既然是政府的义务,就应该由各级政府来承担义务教育的费用。但在实际中,农村教育农民办的现象突出。许多乡镇政府开支的80%是用来支付教师的工资。本世纪初,全国乡村累积了3000多亿元债务,"普九"达标竟是重要起因之一。农村拥有80%的人口,但是教育经费的2/3用于城市。[1] 更有甚者,由于城乡教育的分割,进城务工农民的子女在城市

---

[1] 施虹.统筹城乡经济社会发展,促进我国经济快速发展[J].理论视野,2003(4):25-26.

上学还要交纳高额借读费。考虑到目前政府财政的承受能力和城乡居民的收入差距,首先应在农村率先实行免费教育,并相应地改革现行的农村教育管理体制,把农村教育的费用列为县级政府财政预算支出的范围。此外,城市政府要切实把进城农民工的子女教育经费,纳入正常的财政预算,以确保农民工子女在城市拥有和城市孩子一样的接受义务教育的权利。

三、深化农村政治体制改革,推动农村政治民主化进程

(一) 提高农民的政治参与度

中华人民共和国宪法规定,中华人民共和国的公民在法律上居于平等地位。但农村居民在实际占有政治权利资源方面与城市还有很大差别,如在省以上的人大代表和政协委员名额分配方面,城市要远高于农村。同时,由于自然和文化条件的限制,农村居民也很难像城市居民一样实际享有政治权利,如农村居民的参选率一般低于城市。加之农民没有自己的代言组织,农民很难发出自己的声音,农民利益很难得到有效表达。因此,要维护农民利益和增加农民收入,就必须根据农村实际状况支持农民积极参与政治生活,行使当家作主的民主权利。特别是拓宽和增加农民利益表达渠道,使农民的愿望和要求得到及时且真实的反映。增加农民在人大代表和政协委员中的名额,提高农民的组织化程度,是扩大农民政治参与机会的有效途径。

(二) 加强以村民自治为核心的基层民主制度建设

为了更好地调动广大农民的积极性和主动性,促进农业和农村各项事业的全面发展,实现全面建设小康社会新阶段农业和农村发展的目标和任务,尤其是增加农民收入,必须进一步扩大农村基层民主,全面推进村民自治,加强农村基层民主政治建设。实现村民自治,一要全面落实"四个民主"(民主选举、民主决策、民主管理和民主监督);二要加强制度建设;三要在党的领导下依法进行。

第二节 "市管县"体制的悖论与出路

解决"三农"问题,推进社会主义新农村建设,需要创造适宜的行政体制环

境。"市管县"在我国作为一种特定的处理城乡关系的行政管理体制,从总体上看,对"三农"问题的负面影响已大大超过其正面效应,也远远不能适应建设社会主义新农村的现实需要。"市管县"体制要不要改、如何改,正成为当下学术界关注的焦点。

一、从"市县分治"到"市管县"

本节中的"市"是指地级市,"县"包括县级市。20世纪80年代初以前,我国实行的是"市县分治"的行政管理体制。在这种行政管理体制下,县由地区管辖,地区和市统归省管辖。在传统计划经济体制下,"市县分治"行政管理体制的主要弊端是,尽管地级市和地区行署并存于一地,但前者管城市,后者管农村,城乡在体制上被人为地分割,从而非常不利于加快城市化进程和统筹城乡发展。随着城乡改革的逐步深入,如何以经济发达的城市为中心,带动周围农村。

统一组织城乡的生产和流通,克服由"市县分治"行政管理体制带来的条块分割、城乡分割弊端,成为改革的重要议题。1982年12月,中共中央、国务院在《关于省、直辖市、自治区党政机关机构改革的若干问题》中提出:"在经济发达的地区将由省辖中等城市同周围的地委、行署与市委、市政府合并,由市管县、管企业。"1983年,江苏省率先在经济比较发达的地区,实行地市合并,由市领导周围各县,逐步形成了以城市为依托的各种规模和各种类型的经济区。这个经验得到了中央的肯定。1983年2月,中共中央、国务院发出了《关于地市州党政机关机构改革若干问题的通知》,决定把推广"市管县"行政体制,实行地市合并或地改市,作为1983年地方政府改革的一项重要内容。此后,全国各地建制改革步伐加快,尤其是1994年分税制财政体制确立以后,推行"市管县"体制渐成热潮。到2007年底,全国有15个省、自治区全部完成了地改市,地区建制不复存在,实现了县统归市管。余下的12个省、自治区保留的地区建制仅为50个,占全部地级区划数(333个)的15%。并且,从地改市的发展趋势看,在不久的将来,地区建制很可能会在全国消失。这就意味着,今后几乎所有的县均将由市管辖,"市管县"体制将一统天下。随着"市县分治"向"市管县"的行政体制转变,我国形成了"中央—省—地级市—县、区—乡镇"五级政府架构。

就农业大省安徽来说,地改市进程始于1987年,至2000年底,地区建制均被撤销,所有的县均由市管辖。地改市后,安徽有省辖市17个,市所管辖的县

(包括县级市)有 61 个。各市管辖的县数量不等,少的 1 个,多的达 8 个。并且,经济发达地区城市数量多、规模大,市管辖的县数量少,如马鞍山、铜陵均下辖 1 个县,合肥、芜湖均下辖 3 个县;经济欠发达地区则城市数量少、规模小,市管辖的县数量反而多,如安庆下辖 8 个县(其中有 5 个贫困县),六安、宣城、滁州均下辖 5～6 个县。

"市管县"体制是在中国特定的政治经济环境下,在传统计划经济体制向社会主义市场经济体制转轨过程中产生的,有其历史的必然性。① 第一,"市管县"体制增加了政治领导的组织力。在我们这样一个幅员辽阔、人口众多的大国,由于物质条件和自治能力的限制,管理幅度不能过大。实行"市管县"体制后,在省与县之间,增加管理层次,可起到缩小管理幅度、增强管理力度的作用。第二,"市管县"体制解决了"地区层次"缺乏法律主体地位的尴尬局面。长期以来,地区行署虽然在很大程度上承担了一级政府的工作任务,但其不具有相应的法律地位。地区没有地方权力机关,地区的国民经济、社会发展计划、财政预算以及行署官员的任免得不到人民代表大会权力机关的批准,政府工作也缺乏必要的监督。实行"市管县"体制后,省县之间的"地区层次"由虚变实,市的重大决策、人事安排等都有人大的批准和监督;同时,其税收、财政也在一定的制度规定下实现了与省、中央的合理分割,形成了真正意义上的地方财政。第三,"市管县"体制推动了工业化和城镇化进程。实行"市管县"体制后,一方面,中心城市有了较大的发展腹地,其"菜篮子""米袋子"和工业原材料都有了可靠的来源;另一方面,中心城市又能发挥其辐射带动作用,支持农村经济社会的发展。

二、"市管县"体制的悖论

尽管"市管县"体制的实行对城乡二元经济社会体制造成了不小的冲击,在密切城乡关系、加强城乡合作、促进城乡一体化等方面起到了积极的推动作用,但"成也萧何,败也萧何",随着市场化改革的推进,"市管县"体制下过分倚重行政力量配置城乡资源的做法不仅越来越不可行,也越来越没有效率。此外,城市对农村的强势地位决定了城市天然就有在政治上压迫农村、在经济上剥夺农村的倾向,如果将县交由市管辖,势必进一步强化城市对农村的压迫和剥夺,这

---

① 黄仁宗.对市管县体制的新思考[J].决策咨询,2001(8):35-37.

样处于强势地位的城市会更强,处于弱势地位的农村会更弱,既存的城乡差距会更大。具体地说,"市管县"体制存在以下弊端:

(一) 引致战略选择上的重城轻乡

笔者在安徽省的调查中了解到,地改市以后,很多市的领导普遍持有一种观点,即认为现在是城市了,市委、市政府的工作重点应当由农村转向城市,并且认为这是一种战略性的转变。在这种观点支配下,即便是一些传统农业特征较为明显、农业人口占很大比例的农业大市,如笔者所在的安庆市,在制定发展战略时,也往往将战略重点放在城市。市里主要精力放在市区、开发区和郊区,对辖县的县城建设、港口开发、开发区建设和招商引资等,虚的指导多,实的投入少。尤其是农村的发展,要么成为被遗忘的角落,要么想当然地认为通过强化地级市中心城市的发展,就能自然而然地带动周边县(市)农村的发展。殊不知,现在很多地级市的中心城市经济体量有限,加之城乡差距过大使农村失去了自我发展能力,靠一味提升城市的办法是难以带动农村发展的。

(二) 导致资源配置上的城乡失衡

战略选择上重城轻乡的必然结果,是资源配置上的城乡失衡。现在很多地级市的中心城市非但自身的经济体量不足以带动周边县(市)农村,相反还要从周边县(市)农村"抽血"来发展自己,地改市无疑为这种抽吸提供了便利。地改市之后,一是便利了市里将事权下放而将财权上收。1994年开始实施的分税制改革解决了中央和省级财政的划分问题,但并没有完全解决好省级同地级、地级同县级、县同乡镇的财权和事权的划分问题。总的情况是,凡是好的稳定的财源、税源都上收了,而困难和包袱都放到下面去了。现在省(市)的财政收入还相对不错,县乡财政则非常困难。二是便利了廉价征用农民的土地。一些地方打着"加快城镇化""经营城市"等幌子,空前规模地侵占农民的土地,只按行政划拨年代规定的标准给予农民补偿。这种不合理的廉价征用土地是改革开放以来出现的"以乡养城"的一种新形式,是政府筹集城市建设资金的主要途径,也是当前农民利益流失最重要的一条渠道。三是便利了截留中央下拨的资金。"在地改市之前,地区管辖着所属的县,同时负责为这些所属县保障一定数额的财政经费;地改市之后,中央拨付的文教、卫生等方面的资金全部被该地级市留用,不再下拨所属的县。"①由于县与市在资源获取中的不公平竞争,县被市对资源的"虹吸作用"榨干,县域经济发展普遍陷入困境,城乡在经济社会发展方面的差距由此进一步拉大。以人均收入而言,地改市初期的1990年,安徽省城镇居民人均可支配收入为1355元,农民人均纯收入为539元,两者比例为2.51∶1;到2008年,安徽省城镇居民人均可支配收入为12990.4元,农民人均纯收入为4202.5元,两者比例扩大为3.09∶1。这至少说明,"市管县"体制没能起到有效地遏制城乡差距扩大的作用。

(三)削弱了县域发展经济的自主性

省级政府基本以宏观管理为主,多制定政策;县级政府以微观管理为主,多执行政策。地级市既不是宏观也不是微观,职能就是两头各拉一点,即从省里下放一点,从县里上收一点。从历史上看,县级政府一直是拥有较高自治能力的组织。然而,地级市这一层次管理一旦由虚到实,便使不少县级政府的权限上收,影响和干扰了县级政府发挥其自治权能。在市领导县的体制下,县的自主权和回旋空间都比较小。另一方面,在"市管县"体制下,过分倚重行政力量往往容易导致资源配置成本增高、效益降低,政府管了不该管、管不好的事,也阻碍市场经济发展主体的形成。此外,由于市(县)财政体制的相对独立,市(县)成了两个相对独立的发展主体,在市场经济背景下,市(县)在经济发展中必然是竞争多于合作。其结果往往是县被统得过死,缺乏应有活力。2005年以来,笔者连续5年参加了由安徽省政协组织的皖西南县域经济发展情况调研。在调研中,皖西南青阳、潜山、太湖三县的政府分管领导、职能部门负责人和部分骨干工业企业厂长、经理普遍反映,现在市里对于县域的发展不仅难有积极作为,而且由于市里频繁调动县里干部、下达招商引资计划、组织达标升级活动等,给县域经济发展造成不少干扰。县里因此难以形成一条前后相继、不断完善、不断发展的县域经济发展的思路,这既造成了人力、物力、财力的浪费,又制约着县域经济持续、健康发展。

(四)弱化了中央农村政策向基层传递

和国际上通行的三级政府不同,我国在地改市之后形成了五级政府架构,

---

① 陆学艺.中国"三农"问题的由来和发展[J].当代中国史研究,2004(3):4-15.

即"中央—省—地级市—县、区—乡镇"。行政管理学常识告诉我们,行政管理层级过多,必然导致行政管理成本提高,行政管理效率下降。其中,位居我国五级政府架构中第三层级的地级市颇遭人们指责。因为人们发现,地级市目前正处于一个极为尴尬的境地:由于大量审批事项被取消,地级市行政职能事实上趋于"空心化"——宏观问题管不上,微观问题够不着。而维持其正常运行的成本,每年则以数亿元计。根据我们掌握的资料,全面完成地改市的2001年,安徽省行政事业单位机构有61760个,行政事业单位职工204万人。同年,安徽省省辖市及其以下行政管理费达到76亿元,约占地方财政收入的40%。更为重要的是,县这一级是中央农村政策的具体落实者,但由于从县里到省里,隔着地级市这一级,中央农村政策在过多的层级传递中逐步弱化和失真。另一方面,在基层信息"上传"的过程中,也会由于层级过多,使上面难以了解到农村最真实的情况,一些不稳定因素也被基层捂着瞒着,长此以往,势必会带来一些问题。由于行政层级过多,笔者在安徽一些农村调查中发现以下现象也就不足为怪了:2004年以来中央连续出台了促进农民增收的5个"一号文件",过了很长一段时间很多农民竟然还不知道。农民不知道有"一号文件"这一事实,若不是媒体披露,中央可能也难以知晓。

实行"市管县"体制的初衷是打破城乡分割,统筹城乡经济社会发展,但其结果却是进一步拉大了城乡在经济社会发展方面的差距,这无疑是一个悖论。从"市县分治"向"市管县"的体制转变,应该符合节约行政管理成本、提高行政管理效率这一行政管理体制改革的基本要求,但这样做的结果却是增加了行政管理成本,弱化了中央农村政策向基层的传递,这其实也是一个悖论。

三、"市管县"体制:存续还是废止

针对"市管县"体制存在的上述两个悖论,近几年来,学术界要求裁撤地级市,变"市管县"为"省管县"的呼声甚高。学者们希望借此推进中国行政管理层级压缩和改革,为解决"三农"问题,推进社会主义新农村建设创造适宜的行政体制环境。

与学界热衷于推进"市管县"向"省管县"的行政管理体制改革不同,目前政界对此则比较谨慎,甚至一些未完成地改市的省、自治区还在加速地改市的进程。对于"市管县"体制存在的弊端,政界不是没有觉察,但由于从"市管县"向"省管县"的体制转变必须在社会政治、经济和文化大环境下进行,在实践中必

然要受到现实各种力量的制约,因此,启动这项改革的难度高、风险大。尤其是对于地方各级政府来说,没有中央政府的授权,它们很难在这方面有大的作为。所以,我们所能看到的是,地方政府一方面在加快推进地改市进程,另一方面又试图在现有的五级政府架构内革除"市管县"体制的弊端。比如从2002年起,浙江、广东、河南、辽宁、湖北等一些地方已经出现了在财政上省直管县的试点。安徽省也从2004年起,实施"省管县"财政体制,将收入考核、转移支付、财政结算等直接到县。"省管县"财政体制的实施,推进了地级市向所管辖的县放权的工作,弱化了地级市对一般县域的过分干涉,尤其是杜绝了为壮大地级市中心城区而任意牺牲一般县域的行为。但由于这些改革探索只是在局部进行的"边际调整",改革成效的取得主要是靠非制度化的行政推动和政治动员,而没有获得行政管理体制上的根本保障,因此其持久性令人怀疑。甚至经过新一轮的市、县博弈,"市管县"体制还有可能复归,乃至强化。

我们认为,在解决"三农"问题,建设社会主义新农村的政策背景下,创造适宜的协调城乡关系的行政管理体制环境至关重要。为此,必须突破现有的五级政府架构,将五级政府变成四级政府,乃至三级政府,最终实现在三级政府架构下省对县的全面直管。也唯有如此,方能从根本上革除"市管县"体制的弊端,走出"市管县"体制的悖论。具体地说有以下几个方面:

(一)"市管县"体制改革的最终目标是转变为全面的"省管县"体制

所谓全面的"省管县"体制,不仅仅是指财政体制上的"省管县",更是指行政体制上的"省管县"。在实践中,一些地方的改革仅仅满足于"省管县"财政体制,或者以"省管县"财政体制替代"省管县"行政体制,这显然是片面的。尽管2007年安徽省启动了在12个县扩大经济社会管理权限的试点,赋予"扩权"试点县享有与省辖市相同的经济管理权限和部分社会管理权限,但这离全面的"省管县"尚有不小差距。原因在于,扩权县在很多方面还不能完全"绕开"现行省辖市。相对于"市管县",全面的"省管县"具有明显的体制优势。在全面的"省管县"体制下,县与市同时被置于相对处于超然地位的省的管辖之下,借此可以改变农村相对于城市的弱势地位。因为在这样的行政管理架构下,一方面,可以依靠市场力量对城乡资源进行统一配置,使农村在区域经济发展的内在规律作用下,自然接受中心城市的辐射;另一方面,又能依靠相对处于超然地位的更高层级的省乃至中央政府的行政力量,实现非农产业对农业、城市对农村的反哺。此外,"省管县"体制的实行还会带来政府层级减少、政策传导加快、行政成本降低等积极效应。

(二) 从"市管县"向"省管县"的行政体制转变必须渐进式地加以推进

由于"市管县"向"省管县"的行政体制转变,涉及上上下下、方方面面关系和利益的调整,这项改革必须在中央政府的统一领导下,各地要结合自身实际渐进式地加以推进。具体思路大体可分三步走:第一步是"放权",即赋予县相当于地级市的经济和社会管理审批权限,前述的"省管县"财政体制就是这一过程的一部分。第二步是"脱钩",即在条件成熟的地方由省直管县,实现县(市)和所在地级市"脱钩",继续保留地级市的行政级别不变,但其主要职能将集中用于所在城市的中心城市建设上。第三步是"分省",即划小省的管辖范围,解决"省管县"体制所带来的行政管理幅度过大的问题,以利于省对县的管理。比如以增设直辖市、分拆和重组等方式适当增加省级行政区的数量。

(三) 在变"市管县"为"省管县"体制的同时,还可以考虑将乡镇政府改成县政府的派出机构

乡镇政府改成县政府的派出机构后,"不具有独立的财政和人事权利,协助县政府进行区域管理。文教卫生、公安司法等公共机构归县政府直接管理,乡镇站、所改制为合作经济组织"。[①] 这样便可以将目前的五级政府变成三级政府,而五级政府架构下的"市管县"体制就转变为三级政府架构下的"省管县"体制。这有利于进一步降低行政管理成本,提高行政管理效率,也有利于中央农村政策在基层的贯彻和落实,加快统筹城乡经济和社会发展的步伐。

---

① 刘克崮,张桂文. 中国"三农"问题的战略思考与对策研究[J]. 管理世界,2003(5):67-76.

第十章 "三农"问题研究展望

"三农"问题是当今中国重中之重的问题,将会受到学者们的持续关注。当下的"三农"问题研究要在以往已取得成就的基础上,继续深化、拓展和创新,必须找到新的理论生长点。农民问题是"三农"问题的核心,在"三农"问题研究中应该聚焦农民问题,但不能因此将农业问题边缘化。

第一节 "三农"问题研究应有新的理论生长点

改革开放以来,尤其是 20 世纪 90 年代以来,"三农"问题研究在理论与政策两个层面上都取得了很大成绩,如学术界提出了"三农"问题的理论,作为认识实际、分析问题的理论框架;决策界则形成了把解决好"三农"问题作为全部工作的"重中之重"的执政理念,出台了一系列重农、惠农政策。然而,既有的"三农"问题研究,从研究对象看,基本上是将"三农"作为一个孤立的系统,未能充分重视"三农"与"非农""外农"的复杂关联。从研究背景看,基本上是局限于工业化、城市化、市场化,未能自觉地结合现实的重大社会实践来展开对"三农"问题的研究。从研究方法看,大多使用的是单学科的手段,缺乏多学科力量的整合与提升。总之,"三农"问题研究的深度还有待挖掘,广度还有待拓展,方法还有待创新。为了持续发挥和增强"三农"问题研究对"三农"问题的解释力、解决力,必须找到"三农"问题研究的新的理论生长点,以深化、拓展、创新"三农"问题研究。我们认为,从诸种"关系"中研究"三农"问题,结合新的重大社会实践研究"三农"问题,运用多学科交叉研究"三农"问题,是"三农"问题研究的三个新的理论生长点。

一、将"三农"问题置于诸种"关系"中研究

任何社会经济问题都源于社会经济关系的某种不和谐,因而都是一定社会经济关系失调的体现。作为当下中国"重中之重"的"三农"问题,尤其是现时中国各种社会经济关系失调的集中体现。因此,研究"三农"问题,必须将其置于诸种"关系",即"三农"的内在关系以及"三农"与其外部的关系中进行。如此,方能透过各种表象而直达"三农"问题的本质,进而找到破译"三农"问题的密码和破解"三农"问题的良策。

(一) 从"三农"的内在关系中研究"三农"问题

"三农"是指农业、农村和农民,这三者是既统一又矛盾的关系。说其统一,是因为在通常情况下,农民是指生活在农村从事农业生产的人;农业是农民的基本职业和农村的主体产业;农村是农民生活和农业生产的载体。说其矛盾,是因为在当下的中国,农民不仅是职业,更是身份;农民不仅生活在农村,也有一部分生活在城市;农民不仅从事农业生产,也从事非农业生产。而中国农村正在分化,农村与城镇常常难以完全区分开,农村不仅居住着农民,也不仅有农业一个产业,还有许多非农民和非农产业存在。不过,无论这三者关系多么复杂,有一点应是明确的,即农民是其核心,因为农民既是农业生产的主体,又是农村的主人。①

把"三农"问题放在"三农"的内在关系中研究,可以看出,中国的"三农"问题尽管包含了农业问题、农村问题和农民问题,但绝不是三者的简单相加,而是三者的矛盾统一体。在这个矛盾统一体中,农民问题又居于核心。因此,研究"三农"问题,一方面,不能将农业问题、农村问题和农民问题分割开来,作为独立的三个问题来研究,就农业论农业,就农村论农村,就农民论农民。若是这样的话,就是"一农"研究,而不是"三农"研究。"三农"研究尽管也要分析农业、农村和农民这三者各自要解决的问题,但更主要的是研究这三者的关系,比如要研究在解决其中一个问题的过程中,对其他问题会产生怎样的影响,亦即是缓解了其他问题,还是加剧了其他问题。另一方面,在"三农"的内在关系中,又不

---

① 李佐军.中国的根本问题:九亿农民何处去[M].北京:中国发展出版社,2000.

能将农业问题、农村问题和农民问题等量齐观。由于中国农民的数量太多,农民的权利太少,导致小农经济成为中国农业的基本存在形式。而在小农经济基础上,中国农业、农村的现代化面临着重重障碍。因此,农民问题是矛盾的主要方面,研究"三农"问题就要将农民问题置于核心地位,对其他问题的研究均要围绕这个核心来展开。

(二)从"三农"与"非农"的关系中研究"三农"问题

农业是国民经济中的一个产业,与其相对应的是工业(非农产业);农村是一个地域概念,与其相对应的是城市;农民是一个社会群体,与其相对应的是市民。依据发展经济学的观点,随着工业化的推进,工农关系、城乡关系、市民与农民关系要在政策上逐步调整。在工业化启动期和发展初期,工业的成长主要依靠农业提供的剩余积累,这是农业哺育工业、农村支持城市、农民同市民权利与义务严重不平等的阶段。步入工业化中期,工业的发展完全依靠自身的剩余积累来进行,这是工农自养、城乡平衡发展、市民与农民权利与义务基本均等的阶段。进入工业化后期,工业剩余开始回流农业,这是工业反哺农业、城市支持农村、市民承担更多义务而农民享受更多权利的阶段。

把"三农"问题置于"三农"与"非农"的关系中研究,不难看出,尽管中国"三农"问题的产生有其历史必然性,但"三农"问题日益凸显的原因并不在"三农"本身,而是在"三农"之外,即进入工业化中后期,工农关系、城乡关系、市民与农民关系在政策调整上的严重滞后。比如,改革开放以后,特别是 20 世纪 90 年代初以后,虽然国家工业化开始步入中期阶段,工业反哺农业、城市支持农村的条件日益成熟,但是过去为快速推进工业化而实行的"工占农利"政策和"城乡分割"体制非但没有发生根本性的改变,反而固化为一种权益结构。这种权益结构,维护着工业部门和城市阶层的既得权益,农业部门和农民阶层则长期受其束缚而难以翻身。由此可见,研究"三农"问题,不能就"三农"论"三农",而是要跳出"三农"看"三农",从"三农"之外去寻求"三农"问题的解决之道。这就是,一方面,要研究如何通过加快工业化、城市化进程,来增强工业反哺农业、城市支持农村的能力;另一方面,又要研究如何适时调整工农关系、城乡关系、市民与农民关系,从而构建工业反哺农业、城市支持农村的长效机制。

(三) 从"三农"与"外农"的关系中研究"三农"问题

此处的"外农"即国外农业。经济的全球化使农业的全球化成为了必然,各国农业将按比较优势的原则参与国际分工,实现农业生产要素的全球配置和农业产品的全球市场流通。在世界贸易组织成立之前,农业长期游离于关贸总协定之外,世界农产品贸易秩序紊乱,农产品贸易战此起彼伏。自 1986 年开始的乌拉圭回合谈判决心把农业贸易完全置于多边贸易体制的约束与监督之下,建立一个没有政府干预、不扭曲的农产品贸易环境。各方经过长期艰苦的努力,终于在 1993 年底达成了《农业协议》,启动了世界农产品贸易自由化的进程。2001 年 11 月世界贸易组织第四届部长级会议(多哈会议)又把农业问题列为新一轮多边贸易谈判的核心议题之一,以加快世界农产品贸易自由化的进程。2005 年 12 月世界贸易组织第六届部长级会议(香港会议)经过艰苦谈判,各成员代表同意在 2013 年之前逐步取消农业补贴,同时取消棉花出口补贴。2015 年 12 月世界贸易组织第十届部长级会议就多哈回合农业出口竞争、最不发达国家议题达成共识,承诺全面取消农产品出口补贴,并就出口信贷支持、棉花、国际粮食援助等议题达成了新的多边纪律。随着农产品国际贸易的更加自由化,世界各国农业在生产、交换和消费等环节的联系将日益密切,农产品国际竞争将日趋激烈。中国在加入 WTO 后,随着农业对外开放程度大幅提高,国内农业与国外农业的关联也将更加紧密。可以预见,农业全球化对中国农业发展将产生深刻的影响,这种影响无论是积极的,还是消极的,都会通过农业传导到农民身上,波及农村社会。

把"三农"问题放在"三农"与"外农"的关系中研究,可以看出,在全球化的背景下,中国"三农"问题面临的国际环境已发生深刻的变化。这一变化既蕴藏着巨大的机遇,更将带来严峻的挑战,且挑战是绝对的,机遇是相对的。这是因为,农业全球化带来的诸如国内农产品市场面临对外开放的更大压力,中国政府对农业的宏观支持空间受到挤压,中国粮食安全遭遇更多变数等挑战,都是现实的和无法回避的;而农业全球化带来的机遇,如中国农产品国际贸易环境的改善,农业资源的优化配置,农业经营体制的改革,农业产业结构的调整等,都只具有某种潜在的可能性。这一可能性转变为现实性的关键,在于对前述挑战的正确应对。由此可见,从全球化视野来观照"三农"问题,就必须研究全球化影响中国农业的内在机理,探讨全球化对农民的生产组织、农民的就业结构,甚至农民的生存环境造成的诸多影响,进而寻求中国农业融入全球化的恰当路径。

二、结合新的重大社会实践研究"三农"问题

中国面临的"三农"问题,显然不是一个单一的问题,而是一个问题集合。在这个问题集合中,有些问题是累积的、稳定性的,需要学者们持续把注意力停留在它们上面,对之作深入持久的思考。如农业的现代转型问题、农村剩余劳动力转移问题、农民的基本权益保护问题、城乡协调发展问题等,就具有这样的特点。有些问题则会随着经济社会状况的变化而变化,或者旧问题以新的形式存在,或者旧问题解决了,新问题又会出现,这就需要学者们根据社会实践的发展及时调整"三农"问题研究的方向和重点,这样"三农"理论才会常新。

实际上,新的社会实践不仅对"三农"问题研究提出了新的要求,同时又为"三农"问题研究提供了丰富的现实素材。比如,20世纪80年代前期,由于家庭联产承包责任制的兴起,这一时期"三农"问题研究的主题基本就是对家庭联产承包责任制的倡导,兼及对人民公社体制的反思,以及调查论证改革开放给农村经济和社会生活带来的深刻变化;20世纪80年代后期,为了解决家庭联产承包责任制普遍实行后的农村剩余劳动力的出路问题,"离土不离乡"的乡镇企业和"离土又离乡"的农民进城打工便应运而生,于是关于乡镇企业、人口流动及其相关问题的研究就成为这一时期"三农"问题研究的热点;进入20世纪90年代,为了配合农村经济体制的改革,农村政治民主化进程开始启动,村民自治逐渐在全国范围推广和实行,因而对农村政治体制改革的研究就成为这一时期"三农"问题研究的一个重点。此外,小城镇建设、农业产业化、农民组织化、开拓农村市场、减轻农民负担、加入WTO对中国"三农"的影响、粮食安全问题等,都成为这一时期"三农"问题研究的课题和方向。由此可见,只有紧密结合新的重大社会实践,分析新现象,思考新问题,探讨新特点,才能不断拓展和深化"三农"问题研究,增强"三农"问题研究的生命力。

基于我国经济社会发展现状及其未来发展趋向,笔者认为,当前尤其要结合以下新的重大社会实践来研究"三农"问题。

(一)结合供给侧结构性改革研究"三农"问题

自 2015 年 11 月习近平总书记第一次提出"着力加强供给侧结构性改革"以来,供给侧结构性改革就成为此后一个时期中国经济发展和经济工作的主线。它标志着中国宏观调控发生了根本性转变:从需求侧管理转向供给侧改革,从总量调控转向结构调控。紧接着,中央指导"三农"工作的 2016、2017 年两个"一号文件"均强调,要深入推进农业供给侧结构性改革,以加快农业现代化,加快培育农业农村发展新动能。供给侧结构性改革有去产能、去库存、去杠杆、补短板、降成本五大任务。具体到"三农"方面,当前我国农产品供需结构失衡、粮食库存高企,所以面临去库存任务;全面建成小康社会,"三农"是最大短板,主要短在基础设施和公共服务,短在环境和生态,尤其短在脱贫攻坚,所以面临补短板任务;农业生产费用逐年增长,不断挤压着本就微薄的利润空间,所以面临降成本任务。无论是总体意义上的供给侧结构性改革,还是农业自身的供给侧结构性改革,无疑都会对解决"三农"问题发挥积极、正面的作用。由此可见,把"三农"问题放在供给侧结构性改革的大背景下研究,有助于认清和把握供给侧结构性改革给缓解"三农"问题带来的新机遇,进而推动"三农"问题的有效解决。尤其要研究,如何抓住供给侧改革的有利时机,提高农业供给体系质量和效率;如何抓住经济结构调整的有利时机,促进资源配置向农业、农村倾斜;如何抓住政府农业宏观调控能力增强的有利时机,完善农业宏观调控体系;如何抓住补短板的有利时机,推进农村脱贫攻坚。

(二)结合新一轮区际产业转移研究"三农"问题

区域间产业梯度转移是一个普遍存在的经济规律。从 20 世纪 80 年代开始,我国东部沿海地区就承接了国外转移来的劳动密集型产业,实现了经济的迅速发展,形成了珠江三角洲和长江三角洲两大经济带。随着东部地区经济的快速发展,一方面,资本、技术和管理等要素在不断积累;另一方面,土地、劳动力等要素成本也在不断上升,这样必然会出现东部地区的产业结构调整和区域间的产业梯度转移。正如瑞典著名经济学家缪尔达尔的"地理上的二元经济结构"理论所指出的,发达地区在发展到一定水平后对欠发达地区的"回波效应"

在逐步弱化,"扩散效应"在逐步增强。① 本世纪初以来,顺应市场的变化,加之中央和地方政府的顺势推动,东部沿海产业向中西部内陆转移的步伐明显加快。目前,新一轮区际产业转移呈现出规模持续扩大、承接区域相对集中、产业层次显著提升、转移方式不断创新的态势。新一轮东部地区产业梯度转移对于中国"三农"问题的解决,具有极为重要的意义。前已述及,中国的"三农"问题主要存在于中西部欠发达地区,而通过与东部发达地区的比较可知,中西部"三农"问题更为突出的原因在于工业化水平低。工业化水平低,一方面,迫使中西部地区不得不依靠非公平的民工跨省流动来解决农村剩余劳动力的出路问题;②另一方面,也弱化了中西部地区工业反哺农业、城市带动农村的能力。目前,中西部地区推进工业化面临的最大瓶颈制约是资本不足,而仅靠自身来积累资本将是一个漫长的过程。比较可行的选择是,从外部尤其是东部地区输入资本。中西部地区通过承接东部产业转移,一方面能弥补自身资本、技术不足,另一方面能充分发挥本地资源、劳动力等优势。这两者结合起来,可以使中西部地区发展加速融入到东部发达地区乃至世界经济体系之中,较快提升自身工业化水平,进而为解决"三农"问题创造条件。可以预计,将"三农"问题与新一轮区域间产业梯度转移问题结合起来进行研究,将是"三农"问题研究的一个重要的理论生长点。如何增强东部产业向中西部转移的推力,如何强化中西部吸收东部产业转移的引力,中西部又如何通过承接东部产业转移来提升自身工业化、城市化水平,进而其工业又如何反哺农业、城市又如何支持农村等,这些问题都亟待加强研究。

(三) 结合美丽乡村建设研究"三农"问题

按现在每年 1.5% 左右的城镇化增长率,到 2030 年中国农村人口仍有 5 亿人左右。同时,进城务工农民也不可能都在城市定居,相当一部分还会回流。因此,在未来相当长的时期内,中国仍然会有绝对量相当大的人口继续生活在农村。特殊的国情决定了中国在稳步推进城镇化的同时,必须把农村建设好,使留在农村的人口也能逐步过上体面而有尊严的生活。近年来,人们一直在热议的美丽乡村建设,就是在这样的现实背景下提出来的。与过去的"三农"政策

---

① Myrdal G. Economic Theory and Undeveloped Regius[M]. London:Duckworth,1957.
② 孙自铎.农民跨省务工对区域经济发展的影响研究[J].中国农村经济,2004(3):28-33.

关注的只是局部的、某一方面问题不同(如促进农民增收、提高农业综合生产能力等),提出建设美丽乡村则是对未来相当一段时期中国"三农"工作的整体部署,具有更丰富的内涵和更全面的要求。可以说,将建设美丽乡村作为重大历史任务正式提出来,并将发展现代农业、增加农民收入、改善农村面貌、培训新型农民、增加农业和农村投入、深化农村改革作为重点,这标志着中国政府解决"三农"问题的政策转型已经基本完成,即从以促进农民增收为中心转向以人为本的农村综合发展和城乡协调发展,转向促进农民福利的增加。[①] 所以,将解决"三农"问题统一到美丽乡村建设上来,是一个新的政策定位。在未来相当长的一段时期内,美丽乡村建设将成为中国解决"三农"问题的一个总抓手,成为统领中国农村改革和发展各项工作的一面旗帜。这样的形势与政策变化,要求"三农"问题研究必须紧密结合美丽乡村建设的实际,尤其要研究在中国工业化与城市化远未完成历史使命的情况下:如何把过去城市指向的解决"三农"问题的思路转变为面向农村的解决"三农"问题的思路;如何将以往工业、城市的片面发展转变为工业化、城市化与美丽乡村建设的良性互动;如何把过去出台的针对"三农"问题的零散政策,通过美丽乡村建设整合起来;如何将以往解决"三农"问题的分散的突破口和切入点,通过美丽乡村建设联接起来。

三、运用多学科交叉研究"三农"问题

"三农"问题是当下中国面临的重中之重的难题,涉及经济、政治、文化、社会等诸多方面。要全面认识集中了众多社会科学问题的"三农"问题("三农"问题中也包含一些自然科学问题),单学科的视野过于狭窄,单学科的手段也越来越力不从心。通过多学科介入与交叉,对以往单学科研究成果加以整合与提升,既是拓展、深化"三农"问题研究的内在逻辑要求,也是"三农"问题研究的一个重要的新的理论生长点。为此,需要从以下几方面做出努力。

(一) 需要引入多学科的视野研究"三农"问题

20世纪90年代以来,尤其是近年来,"三农"问题渐成学界关注的一个重要研究领域,政治学、经济学、社会学、历史学及法学等学科领域的一些研究者,

---

[①] 姜长云.对建设社会主义新农村的几点认识[J].农业经济问题,2006(6):7-11.

或以"三农"问题为专门研究对象,或将"三农"问题与自己的专业问题结合起来研究。这种研究的共同特点是,选择"三农"问题的某个方面,运用某个单一学科对其进行研究。比如,运用经济学来研究如何发展农业生产,促进农民增收,开拓农村市场,加快城市化;运用教育学来研究如何提高农民文化素质,开发农村人力资源;运用社会学来研究如何分析农村社会问题,化解农村社会矛盾;运用政治学来研究如何扩大基层民主,推进村民自治;运用行政学来研究如何精简乡镇机构,转变政府职能;运用宪法学来研究如何保障农民公民权利,建设政治文明,等等。

上述运用单一学科研究"三农"问题的路向,使得目前"三农"问题研究成为一个只有问题的无限拓展与动态延伸,而没有学科边界,可以从多种角度切入的领域。这一研究路向的优点在于,一方面,可以吸引不同专业的学者都能参与到"三农"问题研究中来,从而使"三农"问题研究成为当下的一门"显学";另一方面,还能促使学者们从自己学科的视角对"三农"问题的某个方面作深入持久的思考,从而有可能加深我们对"三农"问题的某个方面的认识。但其缺点也是显而易见的,即这种研究方法使学者们的研究视野受到遮蔽,结果是,各个专业的学者仅关注"三农"问题的某个方面的知识,而难以获得对"三农"问题的整体把握。如果再根据片段的知识去提出解决"三农"问题的方案,就会更显脱离现实。这就是人们总感到的"三农"理论与实践不一致的根本原因。

实际上,在今天的社会科学研究领域,任何单一学科纯粹的自身演绎已难有作为,而需要与友邻学科交叉并置。学者们应该学会"以自己的立场言说别人的问题"或"以别人的立场言说自己的问题"。尽管"三农"问题可以分解为不同的方面,但这些方面并不是彼此孤立的,而是既相互区别又密切联系。比如,目前的农民工问题,它涉及公民权、工业化与城市化、人口政策、劳动力市场、资本全球化流动等诸多问题。由于"农民工"问题的复杂性、综合性,对"农民工"问题进行多学科包括经济学、社会学、政治学、文化学等学科的交叉研究和分析就成为一种必须。推而广之,"三农"问题的复杂性、综合性决定了任何单一学科都不足以支撑和涵盖"三农"问题研究的全部。要从整体上把握"三农"问题,就必须在运用单一学科研究"三农"问题的基础上,学者们更要以开阔的视野对其进行多学科交叉研究。在此基础上,才能建立起中国特色的"三农"理论体系。

(二) 研究"三农"问题的学者要练就多学科交叉的内功

当前,我国"三农"问题研究的队伍中,研究者原来大多有自己相对固定的专业,或者是从事经济学研究的,或者是从事社会学研究的,或者是从事政治学研究的,等等,然后由于学术兴趣的转移,转而将"三农"问题与自己的专业问题结合起来研究。但如上所述,"三农"问题研究不可能在任何单一的学科里完成,需要运用多学科的理论,这就对研究者的知识结构提出了比较高的要求,即研究者必须练就一身内功——不仅要精于某一学科,而且对友邻学科也要有一定程度了解。研究者只有具备了多学科的知识背景,才能突破自己固有学科的局限性,也才能克服与友邻学科的学者交流的"语言"障碍(能听懂对方的科学论述)。

但是,目前在我国"三农"问题研究的队伍中,既有良好的知识结构,又能自觉地运用多学科交叉研究方法的研究者并不多。正如有的学者所指出的,由于计划经济体制对各学科的过度分割,造成了当前中国学术界普遍存在着各学科相互隔离的积弊,各学科、各行业之间似乎真正做到了"隔行如隔山"——从事法学研究的,不懂经济问题,搞经济的又不懂法学,学农业经济的不懂城市经济,研究宪法学的又远离实际,深入实际的又不懂得政治学,等等。这就使得不少人在研究现实的"三农"问题时常常"只见树叶,不见森林"。各学科画地为牢、抱残守缺研究出来的成果,不可避免地存在知识单薄、视野局限的缺陷,其严重后果就是误导决策,造成"头痛医头、脚痛医脚"的畸形局面。[①]

因此,当前迫切需要从事"三农"问题研究的各个学科的学者,一方面,必须不断加强自身学习,尤其要加强对友邻学科知识的学习,要时刻关注友邻学科关于"三农"问题的理论、方法与研究成果;另一方面,还要善于借鉴和运用友邻学科的理论、方法与研究成果,来解决本学科在"三农"问题研究中遇到的科学或技术问题,或者相反,运用本学科的理论、方法与研究成果,去帮助解决友邻学科在"三农"问题研究中遇到的科学或技术问题。

(三) 为"三农"问题研究构筑多学科交叉的平台

由于学科的分化和专业的分工,任何研究者个体的知识结构都不可能是十

---

① 张英洪.给农民自由[J].改革与理论,2002(2):40-42.

分完美的。为了弥补研究者个体知识结构的缺陷,研究"三农"问题的不同学科的学者就特别需要形成交叉互动的格局。要形成多学科交叉互动研究"三农"问题的格局,首先必须抛弃学科本位,屏除学科偏见,打破学科畛域,增加跨学科的对话与合作。学者们要清醒地认识到,学科交叉与科技整合已成为一种趋势,任何一项研究单靠本学科的理论、方法和知识都难免存在一定的局限性,对于内容丰富、领域宽广的"三农"问题研究而言更是如此;中国的"三农"问题不是经济学、政治学、社会学、历史学、法学等诸多单学科所能解释和解决的,必须依靠多学科的综合力量才能化解。学者们只有形成了主动打破学科界限而综合性地运用多学科的知识与方法去化解现实"三农"问题的"学术自觉",跨学科的对话与合作方有可能。

跨学科的对话与合作,固然可以是私人式的交流,但更需要建立一种制度化的交流形式、交流机制和交流平台。它可以是研究者个体之间小规模合作的一个研究课题,或者是研究者群体共同参与的中型乃至大型的学术会议,还可以是类似于"三农问题研究中心"这样的正式研究机构。通过这些交流形式、机制和平台,来自不同学科的,有着不同专业背景、研究方法和思维模式的学者们就汇聚到一起,围绕"三农"问题,相信每个学科的学者都会找到一些共同感兴趣的目标。通过就一致的兴趣点展开对话、交流与合作,各个学科的学者在研究中遇到本学科不能解决的问题时,可以寻求其他学科的支持,以求突破;各个学科的学者将本学科的研究成果反映出来,可以供其他学科分享,以求共荣。这种不同学科的对话与合作,由于实现了学科间的优势互补,从而将大大推进"三农"问题研究范围的不断拓展和研究程度的不断深入。

第二节 "三农"问题研究不应将农业问题边缘化

"三农"问题是当今中国重中之重的问题,农民问题是"三农"问题的核心,这已成为中国学术界的共识。在当下的"三农"研究中,随着农民问题日益被置于核心地带,农业问题则有愈来愈被边缘化的倾向。将农业问题边缘化,不仅在理论认识上失之偏颇,在实际工作中也会引致偏差。

一、农业问题边缘化的表现

本处所谓的"农业问题边缘化",是指在当下的"三农"研究中,一些学者在将农民问题置于核心地带的同时,或者轻视农业问题的复杂性,或者低估农业问题的重要性,从而把我国目前农业中存在的问题人为地缩小。以下是几种比较有代表性的观点。

(一)"农业问题解决论"

对于当今中国的"三农"问题,著名"三农"问题专家陆学艺曾经有个基本判断,即认为中国的农业问题基本解决了,但是农村问题、农民问题还没有解决。[①] 他之所以认为中国的农业问题基本解决了,是基于以下事实:1996 年农业获得改革后第三次特大丰收,粮食总产超过 5000 亿千克,棉花 42 亿千克,自此,中国的粮食和主要农产品的供给问题得到了基本解决,实现了由长期供给不足到总量基本平衡、丰年有余的转变。中国的耕地,只有世界总量的 7%,却供养了占世界 21% 的人口。1997 年以后,中国是农产品的纯出口国,每年顺差为 50 亿美元左右。

很显然,在陆学艺看来,农业问题等同于农产品供给问题。只要保证了农产品尤其是粮食的有效供给,农业问题就算基本解决了。

(二)"农业问题不大论"

林毅夫曾经认为,尽管在一般论述中,农村、农业和农民问题并提,但是农业的问题其实不是很大。[②] 农业的问题何以不是很大?对此,林毅夫的解释是:过去 25 年中,农业生产每年增长速度达到 6%,就是在大家认为"三农"问题非常严重的 19 世纪 90 年代末期至 21 世纪初期(1997~2002 年),中国农业生产每年平均增长速度仍然达到了 5.7%。一般来说,农业生产的增长比人口增长高一个百分点就是不错的成绩,这样的增长速度在国内外的农业发展史上都是非常难能可贵的。

从林毅夫的解释可知,他是将农业问题理解为农业生产的增长问题。如果

---

① 陆学艺."三农论":当代中国农业、农村、农民研究[M].北京:社会科学文献出版社,2002.
② 林毅夫.入世与中国粮食安全和农村发展[J].农业经济问题,2004(1).

农业生产的增长高出人口增长一个百分点,农业就算表现不错,农业问题就不大了。林毅夫先生所说的"农业生产增长",其实也就是陆学艺先生所讲的"农产品供给"。概而言之,他们都是把农业问题理解为农业对非农产业和整个国民经济的产品贡献问题。

与林毅夫一样,胡必亮也曾认为,目前我国农业绩效总体很好,农业问题并不严重。① 不过,他又将农业问题从陆学艺、林毅夫两位先生所强调的农业对非农产业和整个国民经济的产品贡献问题,进一步扩展到要素贡献、市场贡献和外汇贡献问题上。他指出,从农业的4种贡献来看,尽管我国农业发展走过了许多弯路,但到目前为止的结果应该说是相当不错的了:全国城乡的食品供给常年基本有保障、丰年有余,粮食库存充裕;即使在农业份额已下降到仅占GDP总量14.5%的2002年,农业仍能为国家赚取一定量的外汇收入(2002年,我国农产品出口181.4亿美元,顺差为57亿美元);劳动力和资金仍不断地从农业部门释放出来;农业发展也支撑起了我国已初具规模的化肥、农机、农药、农膜等工业产业。简言之,既然农业能以自身的产品贡献、要素贡献、市场贡献和外汇贡献去支撑非农产业和整个国民经济发展,农业就不应该存在大的问题。

(三)"农业问题派生论"

温铁军认为,在中国,农业问题是派生的,是因为有了农民问题和农村问题,才派生出农业问题。② 温先生是从人地关系高度紧张的基本国情矛盾出发来论证这一观点的:由于人地关系高度紧张,土地作为中国农民最基本的"生存资料"(并非经济理论所讨论的"生产资料"),只好按人口平均分配,亦即只能体现"非市场经济"的公平原则。因此,西方式的农业经济科学理论的前提和农经微观研究所追求的目标——"效率原则",在中国农村还没有条件作为第一原则来体现。除非人地关系紧张这个制约条件彻底改变。正是因为资源禀赋制约,中国历来并无类似于西方的纯粹"农业"经济问题。我们历来面对的其实主要是农民问题、农村问题。其中,农民问题又是第一位的。

温铁军的以上论证表明,他是把农业问题理解为传统自给性小农经济如何

---

① 胡必亮.究竟应该如何认识中国的农业、农村、农民问题[J].中国农村经济,2003(8):4-11.
② 温铁军.解构现代化:温铁军演讲录[M].广州:广东人民出版社,2004.

转变为现代商业性大农经济问题,即农业的现代化转型问题。而要实现农业的这一历史性转型,充要条件是要解决农民问题,尤其是要减少农民。农民减少了,农业就可以搞规模经营,小农就可以转变为大农,中国农业就有能力参与国际竞争。因此,尽管温铁军先生认为中国的农业问题远未解决,但它是派生的。也因此,尽管"三农"问题的提法在中国官方文件里的排序是农业、农村和农民,但温铁军先生的排序从一开始就是农民、农村和农业。

管清友也曾指出,农民问题直接关系到社会稳定问题,是中国三农问题的核心,农业和农村问题都是农民问题派生的,任何问题都要让位于这个中国最紧迫、最棘手的问题。① 他进而指出,中国现行农村土地制度正是国家基于农民问题而做出的必然选择。由此可见,他与温铁军一样,都是把农业问题视为农民问题的派生物。

二、农业问题的三个层面及其被边缘化的误区

(一) 农业问题的三个层面

如此多的研究"三农"问题的专家,包括一些权威专家,在研究过程中不约而同地将农业问题边缘化,究竟原因何在? 我们认为,这主要是由他们对农业问题的片面认识所致。对农业问题认识上的片面化,不可避免地导致"三农"研究中的农业问题边缘化。那么,究竟什么是农业问题呢? 农业是国民经济中的一个产业。一方面,农业要承担起其作为一个产业的职能,亦即要以自身的贡献去支撑非农产业和整个国民经济发展;另一方面,农业要在履行产业职能过程中使自身的产业素质得到提升,亦即与非农产业一同发展。此外,在开放经济中,农业还要参与国际竞争。因此,农业问题将在以下三个层面上展开:

1. **产业职能层面**

在产业职能层面,农业问题表现为农业作为一个产业所应承担的责任和义务问题。根据库兹涅茨的经典分析,农业对非农产业和整个国民经济有 4 个方面的贡献,亦即上文中所提到的产品贡献、要素贡献、市场贡献和外汇贡献。② 农业的产品贡献来源于农产品剩余,包括原料和粮食的供应;农业的要素贡献

---

① 管清友.制度、利益和谈判能力:农村土地"流转"的政治经济学[J].上海经济研究,2003(1):28-33.
② 加塔克.农业与经济发展[M].吴伟东,韩俊,李发荣,译.北京:华夏出版社,1987.

来自其内部的要素释放,包括劳动力和资本的转移;农业的市场贡献体现为对非农产业产品的巨大需求,包括对生产品和消费品的需求;农业的外汇贡献源自输出农产品而形成的外汇储存。

随着一国工业化的推进,非农产业扩张使自身积累能力、购买能力和创汇能力不断增强,从而对农业部门的要素、市场和外汇的依赖程度趋于下降。相应地,农业在这三个方面的贡献也日渐减弱。但是,伴随非农产业扩张而形成的对农产品的巨大需求,因其具有不可替代性,从而非农产业对农产品的依赖程度是不会下降的,农业的产品贡献对于非农产业依然具有重要意义。此时,产业职能层面的农业问题就集中表现为农产品供给问题,也就是农业能否满足非农产业和整个国民经济发展对农产品日益增长的需求问题。

2. 产业素质层面

在产业素质层面,农业问题表现为农业的现代化转型问题,也就是传统农业如何转变为现代农业问题。农业现代化过程,就是传统农业的工业化、市场化、产业化过程。农业工业化,是指将现代科学技术、现代工业提供的生产资料和科学管理方法广泛应用于农业,使之改造成为受实验科学技术指导的、用工业技术装备的工业化的农业。农业市场化,是指自给自足农业向市场化农业的转变,它不仅意味着农产品商品率不断提高,意味着生产要素的市场化,还意味着农业的产前、产中、产后诸环节都要市场化。农业产业化,就是在一体化产业组织内部把农业再生产的产前、产中、产后诸环节联结起来,以解决农业家庭经营所面对的小生产与大市场之间的矛盾。农业工业化、市场化、产业化水平的高低,决定了农业产业素质的强弱。

随着一国工业化的推进并达到一定水平后,如果非农产业能及时反哺农业,用现代科学技术改造武装农业,不仅能促进农业工业化,而且由于提高了农业生产率,从而为农业生产和经营的市场化打下坚实的基础。同时,在农业工业化推动下,农业产业链条不断延伸,在农业产中经济的基础上,农业产前、产后经济也迅速发展起来。为了确保购买和销售渠道的畅通,减少流通环节和中间商的剥削,降低交易成本,农业再生产的产前、产中、产后诸环节便被纳入一个统一的经营体制之内,这个过程就是农业产业化。如此,农业就可以与非农产业一同发展,农业产业素质就能不断提升,并最终实现农业现代化。反之,农业发展就将大大滞后于非农产业发展,产业素质层面的农业问题就不能获得解决。

3. 产业开放层面

在产业开放层面,农业问题表现为农产品国际竞争力问题。根据柯炳生的分析,农产品国际竞争力可以分解为三个方面:价格竞争力、质量竞争力和信誉竞争力。[①] 价格竞争力,是指农产品的价格要低廉,这是农产品竞争力的传统性和基础性要素。质量竞争力,是指农产品规格化标准化程度要高,品质要好,卫生安全达到规定的要求。信誉竞争力,是指农产品、品牌和企业的市场信誉,既包括供给者在供货方面能否不折不扣地履行承诺,也包括供给者或农产品品牌本身的声誉。农产品国际竞争力的这三个方面是相辅相成的。任何一个方面的缺失、缺陷和不足,都会对农产品国际竞争力产生突出的影响。

前已述及,世界农产品贸易自由化的进程在不断推进,与此同时,农产品国际竞争日趋激烈。如何尽快提升农业国际竞争力,就成为各国都十分关注的问题。

(二) 农业问题被边缘化的误区

由于农业问题包含以上三个层面,在"三农"研究中任何将农业问题边缘化的做法都是片面的,且不符合中国农业的实际状况。具体来说,"农业问题解决论"和"农业问题不大论",都仅根据我国产业职能层面的农业问题已得到暂时解决,就断言农业问题已经基本解决,或者认为农业问题不大。这说明,他们都只重视产业职能层面的农业问题,而轻视产业素质层面和开放经济层面的农业问题。"农业问题解决论"和"农业问题不大论"之所以轻视产业素质层面和开放经济层面的农业问题,究其根源,都是以工具价值的观点看待农业的重要性。也就是说,他们都把农业主要看成是促进非农产业和整个国民经济发展的工具,而农业本身的发展,或者不在他们的研究视野内,或者在他们看来是无关宏旨的。殊不知,如果农业的产业素质和国际竞争力得不到提升,弱质的农业又怎么能长久地支撑非农产业和整个国民经济发展。

"农业问题派生论"虽则注重了产业素质和开放经济层面的农业问题,但又忽视了产业职能层面的农业问题。应该承认,中国的农民问题在"三农"问题中确实居于首位,产业素质和开放经济层面的农业问题也确实是由农民问题派生而来。正是因为农民的数量太多,农民的权利太少,才导致小农经济仍然是中

---

① 柯炳生.提高农产品竞争力:理论、现状与政策建议[J].农业经济问题,2003(2):34-39.

国农业的基本存在形式。而在小农经济基础上,中国农业是不可能实现现代化的,也不可能有效地参与国际竞争。但是,产业职能层面的农业问题并非是由农民问题派生的。从理论上讲,一国农产品供给问题解决得如何,取决于土地资源禀赋、农业科技水平、政府农业政策、农业国际竞争等多方面因素,而非单一的"农民问题"因素。从实践上看,中国在目前农民问题依然严峻的情况下,农产品供给问题已基本解决了。而在农民问题已经解决的日本,尽管农业已经现代化了,但至今食品有40%以上要依赖进口,粮食和农产品的价格是全世界最高的。正如陆学艺所言,作为一个大国,日本的农业总是一个问题。① 中日两国的情况从正反两个方面都表明,产业职能层面的农业问题主要不是由农民问题派生而来的。特别要指出,日本的经验昭示我们,即便将来有一天,中国的农民问题解决了,也不能排除农产品供给重新成为一个问题的可能性。总之,"农业问题派生论"之所以忽视产业职能层面的农业问题,其根源在于,把本来比较复杂的农产品供给问题简单化了,轻率地认为解决了农民问题,农产品供给问题就一劳永逸地迎刃而解。

三、日本农业问题的结构特征及其启示

日本作为一个经济大国,在现代化过程中成功地解决了农民问题和农村问题,但农业问题还没有解决好。研究日本农业问题的结构特征及其成因,对于我们正确认识当前中国的农业问题有着极为重要的启示。

(一)日本农业问题的结构特征

1. 产业职能层面的农业问题十分突出

二战以后,随着日本经济的高速发展,工业和服务业在国民经济中的地位日益增强,农业在国民经济中的份额则急剧下降。1947~1998年期间,日本农业产值占国民总收入的比重从38.8%下降到1.9%。农业份额下降到如此低的水平,表明日本已进入后工业化时代。在后工业化时代,日本非农产业和整个国民经济的发展基本不再依赖农业部门的要素、市场和外汇。相应的,日本农业在这三个方面的贡献几乎可以忽略不计。在经济发展的这一阶段,日本产业职能层面的农业问题主要表现为农业对非农产业和整个国民经济的产品贡

---

① 陆学艺."三农论":当代中国农业、农村、农民研究[M].北京:社会科学文献出版社,2002.

献问题。

由于日本是人多地少、自然资源贫乏的国家,农业本无优势,加之20世纪60年代以后实行大规模出口工业产品的经济战略,为了获得工业品市场而放任农产品的大规模进口,导致日本农产品自给率低,食品的安全供给问题尤为突出。据日本农林水产省提供的《日本粮食、农业与农村2000财政年度报告》,日本除大米自给率维持在95%以上之外,其他农产品的自给率从20世纪60年代中到90年代末都不同程度地下降,1999年的自给率分别为:大豆6%,蔬菜83%,水果45%,乳制品70%,肉类54%,食糖31%,水产品65%。从1960年到1999年谷物(包括大米)自给率由82%下降到27%,以热量计算的食物自给率由79%下降为40%。目前日本是世界上最大的农产品进口国,1999年进口的农产品价值为330亿美元,占当时世界进口总量的10%。[①]

食物需求高度依赖国外供给的状况已经引起了日本朝野的深度不安。根据日本总理府1996年的民意调查结果显示,有七成的民众对食品稳定供给表示出程度不同的忧虑。保证粮食安全供给问题也已成为日本政府安定民心、维护日本农业从业人员利益的关键所在。

2. 产业素质层面的农业问题已经解决

20世纪70年代,伴随国民经济的超高速增长,日本农业顺利完成了由传统到现代的历史性转变。日本的自然、社会条件决定了农户经营规模一般较小(国内有不少学者称之为小农经济,这是不妥的,因为它是面向市场组织生产的),这与欧美国家完全不同。但在小规模农户经营基础上,日本农业的工业化、市场化、产业化的成熟程度与发达水平,比欧美农业毫不逊色,有些方面甚至超过欧美。

二战以后,在工业化、城市化过程中,日本农业劳动力人数从1960年的1766万人下降到1995年的907万人,农业劳动力占总劳动力比重则从32.6%下降到6%。农业劳动力从农村向城市的迅速转移,为日本农业现代化创造了必要的外部条件。同时,战后日本政府非常重视农业的改造与发展,通过"农地改革"(1947~1950年)和颁布实施《农地法》(1952年)、《农业基本法》(1961年)等一系列法律,制定实现农业现代化的目标和措施,及时推进了农业结构调整和农业劳动力转移,推进了以机械化为主体的农业技术革命,极大地推动了

---

① 刘景章. 现代化后的日本农业:问题与对策[J]. 外国问题研究,2003(1):40-43.

日本农业现代化进程。① 到 1986 年,农业机械化装备率达到了户均 1 台的水平,农业良种技术和生物、化学技术被广泛应用,农业劳动生产率和农业综合生产率得到大幅度提高。与此同时,日本在 20 世纪 70 年代前后实现了农业产业化。日本农业产业化的特点,是由农协等合作组织牵头,由农民自愿参加,组织农业生产资料的供应和农产品的收购、加工、贮运、销售等,从而使农村供、产、销三大领域完全实现一体化。这样就大大提高了农民进入市场的组织程度,农民从中获得相对稳定的供、销渠道和理想的收入。

总之,日本农业现代化转型的完成,表明在非农产业发展过程中,日本农业的产业素质得到了同步提高。可以说,日本产业素质层面的农业问题已经解决。

3. 产业开放层面的农业问题日益凸显

由于农业的小规模经营、过多的生产资料投入以及政府过度的农产品价格保护政策,使日本农产品生产成本居高不下,国际竞争力低下。1997 年日本平均每个农户经营耕地 1.47 公顷,其中 70% 的农户经营规模在 1 公顷以下。农户拥有的耕地面积与欧美型农场相比相差甚远,如日本农户的平均经营规模与美国相差 140 倍。正是这种经营规模的巨大差异,使得日本大米的平均生产成本比美国高 10 倍,日本产的大米价格是美国的 5.6 倍。同时,为了缓解土地资源不足,日本不得不依靠增加生产资料投入以提高单产,增加农产品供给。但与美国相比,日本肥料价格又偏高。高昂的农业生产资料价格无疑也加大了日本农业生产成本,抬高了其农产品价格。此外,为了在廉价的外国农产品冲击下保护本国农民利益,日本政府又不得不对农业长期实行过度的价格保护政策。② 然而,保护的结果却是劳动力成本越发增高、生产效率越发偏低、价格越发居高不下。这样必然会形成一种恶性循环,日本农业国际竞争力的提升变得遥遥无期。随着农产品国际贸易更加自由化,面对国外农产品的强有力竞争,日本产业开放层面的农业问题将日益凸显。

综上所述,在现代化过程中,日本产业素质层面的农业问题已经解决了,但产业职能和产业开放层面的农业问题还比较突出。换言之,日本农业在完成了

---

① 袁晓莉,蔡苏文,任燕. 国际化框架下的日本农业问题及政策对我国的启示[J]. 河南农业大学学报(农林教育版),2003(4):64-67.

② 韩喜平,李二柱. 日本农业保护政策的演变及启示[J]. 现代日本经济,2005(4):55-59.

现代化任务之后还面临着诸多"后现代"问题。① 日本农业之所以面临诸多"后现代"问题,除了农业本身的弱质性和国际农产品市场格局的不断变动外,在客观上是由于人多地少而引致的小规模农户经营,在主观上是由于政府对农业过度保护而导致的价格机制扭曲。

(二)日本农业问题对我国的启示

尽管与日本农业已经实现了现代化不同,中国农业还处于现代化进程中,但中国和日本农业均建立于小规模农户经营基础之上。基于这一共有的小规模农户经营特征,研究日本农业问题的结构特征,可以帮助我们更好地理解当下中国的农业问题,澄清对中国农业问题的一些片面认识。

1. 农业问题展开于农业产业的多个层面,且在不同层面上的展开是非均衡的

日本在现代化进程中成功地解决了产业素质层面的农业问题,但没有解决好产业职能和产业开放层面的农业问题,这一事实昭示我们:从空间上看,农业问题是在多个层面上展开的,并且农业问题在不同层面上的展开是非均衡的。由此,我们认识当下中国的农业问题,就不能仅仅基于某个单一层面,而要多层面、多视角地分析。

2. 农业问题存在于农业发展的多个阶段,且在不同阶段的存在形式是各异的

日本农业在完成了现代化任务之后还面临着诸多"后现代"问题,这一事实昭示我们:从时间上看,农业问题存在于农业发展的多个阶段,并且农业问题在其不同发展阶段的表现是不同的。中国农业已经走出"前现代"阶段,正处于现代化进程之中。此时,我们不仅要看到正处于现代化进程中的农业问题,也要前瞻性地思考将来中国农业在完成了现代化任务之后可能面临的"后现代"问题,以便未雨绸缪,及早准备应对之策。

3. 农业问题导源于经济社会的多种因素,而不仅仅是由农民问题派生而来的

日本现代化进程中的农民问题已经解决了,但农业问题还没有解决好,这一事实昭示我们:从根源上看,农业问题是多种经济社会因素综合作用的结果,因而解决农业问题必须多管齐下,而不可毕其功于一役。

四、正确认识我国当前的农业问题

农业问题就其内在结构来说,包含产业职能、产业素质和产业开放三个层

---

① 刘景章. 现代化后的日本农业:问题与对策[J]. 外国问题研究,2003(1):40-43.

面。因此,要全面客观地认识当前我国的农业问题,就应该从这三个层面上进行。否则,我们就会犯以偏概全的错误。

(一) 产业职能层面的农业问题已暂时解决

2015年,中国农业占GDP比重已下降到9%,农业劳动力比重已下降到28.3%,城市化水平已达56.1%。经济发展过程中的这些结构性特征表明,我国正处于工业化中期,并开始向工业化后期过渡。在经济发展的这一阶段,产业职能层面的农业问题主要表现为农业对非农产业和整个国民经济的产品贡献问题,即农产品供给问题,尤其是粮食供给问题。本节第一部分引述的数据表明,目前我国产业职能层面的农业问题已暂时得以解决。之所以强调这种解决是"暂时"的,是因为农产品供给问题取决于多种复杂因素,我们不能排除今后这一问题出现反复的可能性。

(二) 产业素质层面的农业问题还比较突出

囿于小农的生产方式与落后的思想观念,当前我国农业的整体产业素质仍然偏低,传统农业的特征还比较明显。这主要表现在,家庭经营规模太小,阻碍了先进的农业机械、农业技术和优良品种的采用,致使目前我国机械化水平还比较低。2015年,科技进步对我国农业的贡献率为56%,比发达国家低20多个百分点;农业市场化程度和农产品商品化率较低,农产品市场体系很不健全,流通渠道不够畅通,价格形成机制不完善,市场中介组织不健全,影响了农业结构的调整和资源配置的优化;农业产业化还任重道远,龙头企业数量不多、带动能力不强,进入农业产业化系列的农户占全国总农户数的比重不足50%,并且龙头企业与农户的责、权、利关系尚未理顺,农户的利益得不到切实保障。总体来看,目前我国农业的工业化、市场化、产业化水平还比较低,产业素质层面的农业问题仍比较突出。

(三) 产业开放层面的农业问题将更加凸显

由于土地资源的约束,农业的小规模经营,以及农业科技发展水平落后,我国农产品的整体国际竞争力还比较弱。[①] 在产品价格方面,我国劳动密集型的

---

① 柯炳生.提高农产品竞争力:理论、现状与政策建议[J].农业经济问题,2003(2):34-39.

大宗农产品,包括粮食、油料、糖料和棉花等的国内价格高于国际市场价,不具备出口竞争力。在产品品质方面,大宗农产品规格化标准化程度低,产品质量不高;水果蔬菜产品存在外在形态、口感和农药残留方面的问题,畜产品也存在卫生安全方面的问题。在产品信誉方面,我国更是面临着明显的不利因素,如品牌效应不强、市场诚信缺失、政府干预不当等。因此,在国际市场上,我国农产品面临着价格、品质、信誉的三重压力。尤其是加入世界贸易组织后,农产品国际贸易更加自由化,国内外市场的联系更加紧密。面对国外农产品的强有力竞争,我国产业开放层面的农业问题将更加凸显。

综上所述,我们认为,当前我国产业职能层面的农业问题已暂时得到解决,但产业素质层面和开放经济层面的农业问题还远未解决。中国农业问题的实质是,农业像一支蜡烛,它把非农产业和整个国民经济的前途给照亮了,却燃烧了自己。要想让这支蜡烛继续亮下去,必须把它加长变粗。

参 考 文 献

[1] Hayami Y, Vernon W R. Agricultural Development[M]. Baltimor:The Johns Hopkins University Press,1985.

[2] Lewis W A. Economic Development with Unlimited Supplies of Labour[J]. The Manchester School of Economic Studies,1954(22):139-191.

[3] Myrdal G. Economic Theory and Undeveloped Regius[M]. London:Duckworth,1957.

[4] Stevens R D, Jabara C L. Agricultural Development Principles Economic Theory and Empirical Evidence[M]. Baltimore:The Johns Hopkins University Press,1988.

[5] 包小忠. 刘易斯模型与"农民工荒"[J]. 经济学家,2005(4):55-60.

[6] 曹锦清. 关于"三农"问题的几个想法[EB/OL]. [2006-11-12]. http://www.snzg.cn.

[7] 曾建民,彭玮略. 论发达国家农村建设的政策与措施[J]. 江汉论坛,2006(12):30-32.

[8] 曾祥炎. 工业反哺农业应遵循农村经济发展次序[J]. 南华大学学报(社会科学版),2005(4):15-18.

[9] 曾祥炎. 工业反哺农业路径与财政支撑新型农村合作医疗[J]. 现代经济探讨,2005(11):36-40.

[10] 陈凤英. 从国际经验看新农村建设的四点启示[EB/OL]. [2006-11-10]. http://www.zgny.com.cn.

[11] 陈锡文. 资源配置与中国农村发展[J]. 中国农村经济,2004(1):4-9.

[12] 成亚威."2006斩污新闻行动"总结[EB/OL].[2006-12-22].http://www.52huanbao.com.

[13] 程漱兰.中国农村发展:理论和实践[M].北京:中国人民大学出版社,1996.

[14] 董忠堂.建设社会主义新农村论纲[M].北京:人民日报出版社,2005.

[15] 方明.陶行知教育名篇[M].北京:教育科学出版社,2005.

[16] 费孝通.从实求知录[M].北京:北京大学出版社,1998.

[17] 管清友.制度、利益和谈判能力:农村土地"流转"的政治经济学[J].上海经济研究,2003(1):28-33.

[18] 桂拉旦.中国区域工业化水平实证分析[J].开发研究,2007(4):47-49.

[19] 郭熙保.论发展观的演变[J].学术月刊,2001(9):47-52.

[20] 郭熙保.农业发展论[M].武汉:武汉大学出版社,1995.

[21] 韩喜平,李二柱.日本农业保护政策的演变及启示[J].现代日本经济,2005(4):55-59.

[22] 胡鞍钢,王绍光,周建明.第二次转型:国家制度建设[M].北京:清华大学出版社,2003.

[23] 胡鞍钢.从国际视角看中国农业与发展//世界银行.2008年世界发展报告:以农业促发展[M].北京:清华大学出版社,2008.

[24] 胡鞍钢.加入WTO后的中国农业和农民[J].群言,2002(6):8-10.

[25] 胡必亮.究竟应该如何认识中国的农业、农村、农民问题[J].中国农村经济,2003(8):4-11.

[26] 华生.新农村建设需要分阶段循序渐进[EB/OL].[2006-3-20].http://blog.sina.com.cn.

[27] 黄仁宗.对市管县体制的新思考[J].决策咨询,2001(8):35-37.

[28] 黄泰岩."民工荒"对二元经济理论的修正[J].经济学动态,2005(6):15-17.

[29] 加塔克.农业与经济发展[M].吴伟东,韩俊,李发荣,译.北京:华夏出版社,1987.

[30] 姜长云.对建设社会主义新农村的几点认识[J].农业经济问题,2006(6):7-11.

[31] 柯炳生.提高农产品竞争力:理论、现状与政策建议[J].农业经济问题,2003(2):34-39.

[32] 孔祥智,王志强.我国城镇化进程中失地农民的补偿[J].经济理论与经济管理,2004(5):60-65.

[33] 雷丙寅,周人杰.论社会主义宏观调控的目标[J].中国流通经济,2012(6):60-65.

[34] 雷晓宁."农民进城"还是"资金下乡":谈城乡鸿沟及其政策取向[J].改革,2003(2):27-32.

[35] 李昌平.取消农业税将引发一系列深刻变革[J].读书,2004(6):88-93.

[36] 李成贵.一项激活农村经济的制度创新[EB/OL].[2004-11-17].http://www.cassrcae.com.

[37] 李洪君,张小莉."新农村"视野中的农村教育及其政策选择[J].党政干部学刊,2006(5):28-30.

[38] 李炜光.如何计算和缴纳农(牧)业税[M].北京:中国人民大学出版社,2000.

[39] 李佐军.中国的根本问题:九亿农民何处去[M].北京:中国发展出版社,2000.

[40] 林善浪,张国.中国农业发展问题报告[M].北京:中国发展出版社,2003.

[41] 林毅夫.关于社会主义新农村建设的几点建议[J].北方经济,2006(5):5-6.

[42] 林毅夫.入世与中国粮食安全和农村发展[J].农业经济问题,2004(1).

[43] 林毅夫.中国的奇迹:发展战略与经济改革[M].上海:上海三联书店,上海人民出版社,1994.

[44] 刘广栋,程久苗,朱传民.我国"三农"问题的区域差异研究[J].农业现代化研究,2006(2):126-130.

[45] 刘景章.现代化后的日本农业:问题与对策[J].外国问题研究,2003(1):40-43.

[46] 刘克崮,张桂文.中国"三农"问题的战略思考与对策研究[J].管理世界,2003(5):67-76.

[47] 刘书明.统一城乡税制与调整分配政策:减轻农民负担新论[J].经济研究,2001(2):43-49.

[48] 刘树成.我国五次宏观调控比较分析[J].价格理论与实践,2004(7):22.

[49] 刘维佳.我国宏观调控与新农业政策[J].农业经济问题,2004(10):4-7.

[50] 刘尧.农村教育目标的一元化与多元化[J].职业技术教育,2004(4):52-55.

[51] 刘尧.谈新农村建设中的新农村教育发展[J].当代教育论坛,2007(3):11-13.

[52] 刘易斯.二元经济论[M].施炜,译.北京:北京经济学院出版社,1989.

[53] 陆学艺."三农论":当代中国农业、农村、农民研究[M].北京:社会科学文献

出版社,2002.

[54] 陆学艺.中国"三农"问题的由来和发展[J].当代中国史研究,2004(3):4-15.

[55] 陆学艺.走出"城乡分治,一国两策"的困境[J].特区展望,2000(3)13-16.

[56] 陆益龙.户籍制度:控制与社会差别[M].北京:商务印书馆,2003.

[57] 罗浩.中国劳动力无限供给与产业区域粘性[J].中国工业经济,2003(4):53-58.

[58] 迈耶.发展经济学的先驱理论[M].谭崇台,译.昆明:云南人民出版社,1995.

[59] 冒天启,朱玲.转型期中国经济关系研究[M].武汉:湖北人民出版社,1997.

[60] 农业部软科学委员会"对农民实行直接补贴研究"课题组.国外对农民实行直接补贴的做法、原因及借鉴意义[J].农业经济问题,2002(1):57-62.

[61] 潘锦云,杨国才.新农村建设拖累了工业化和城市化吗[J].经济学家,2007(4):83-87.

[62] 施虹.统筹城乡经济社会发展,促进我国经济快速发展[J].理论视野,2003(4):25-26.

[63] 史清华,卓建伟,郑龙真.农民外出就业及遭遇的实证分析[J].中国农村经济,2004(10):56-63.

[64] 世界银行.2009年世界发展报告:重塑世界经济地理[M].北京:清华大学出版社,2009.

[65] 舒尔茨.论人力资本投资[M].北京:北京经济学院出版社,1991.

[66] 舒尔茨.改造传统农业[M].梁小民,译.北京:商务印书馆,1999.

[67] 孙自铎.农民跨省务工对区域经济发展的影响研究[J].中国农村经济,2004(3):28-33.

[68] 孙自铎.农民异地就业对区域发展和居民收入影响的研究与思考[J].管理世界,2005(5):91-95.

[69] 谭崇台.发展经济学的新发展[M].武汉:武汉大学出版社,1999.

[70] 王立胜.关于社会主义新农村建设几个基本理论问题的探讨[J].当代世界与社会主义,2007(2):112-116.

[71] 危朝安.新型农民的成长推动新农村建设[EB/OL].[2006-7-11].http://scitech.people.com.cn/GB/25509/55359/66771/66776/4505004.

[72] 魏后凯.对当前区域经济发展若干理论问题的思考[J].经济学动态,2007(1):11-16.

[73] 温铁军.解构现代化:温铁军演讲录[M].北京:广东人民出版社,2004.

[74] 夏杰长.地方政府:推动经济过热的重要因素[J].改革,2004(5):19-22.
[75] 熊启泉."农民工荒"的成因及现实意义[J].改革,2005(5):65-69.
[76] 杨国才,潘锦云."以工哺农""以工促农"与我国传统农业现代化[J].经济学家,2008(3):49-55.
[77] 杨国才."以工促农"传导机制的整合及其政策建议[J].改革,2007(5):70-75.
[78] 杨国才.新一轮宏观调控背景下的新"三农"政策:对"新农业政策"的一个扩展[J].农业经济问题,2005(3):30-34.
[79] 杨金鑫."南平经验":破解"三农"问题的尝试[J].中国农村经济,2002(10):69-23.
[80] 杨晓达.减轻农民负担的两条根本途径[J].中国经济问题,2001(1):61-66.
[81] 杨永欣.本报专访广东省委书记汪洋,"广东叫板新加坡"延续邓小平遗愿[N].联合早报,2008-9-1.
[82] 叶敬忠,那鲲鹏.新农村建设的时间[J].中国农村经济,2007(1):17-23.
[83] 尹振涛,舒凯彤.我国普惠金融发展的模式、问题与对策[J].经济纵横,2016(1):103-107.
[84] 袁晓莉,蔡苏文,任燕.国际化框架下的日本农业问题及政策对我国的启示[J].河南农业大学学报(农林教育版),2003(4):64-67.
[85] 约瑟夫·斯蒂格利茨.走向一种新的发展范式[J].经济社会体制比较,2005(1):1-12.
[86] 詹吉英,顾孟迪,李干琼.发达国家农业科技发展比较研究及对我国的启示[J].安徽农业科学,2005(11):2178-2180.
[87] 张德强.对韩国新村教育体系演变的考察[J].菏泽学院学报,2007(6):122-126.
[88] 张国,林善浪.中国发展问题报告[M].北京:中国发展出版社,2001.
[89] 张培刚.农业与工业化:中下合卷[M].武汉:华中科技大学出版社,2002.
[90] 张培刚.农业与工业化[M].北京:华中工学院出版社,1984.
[91] 张士云,许多.对农村税费制度改革的思考[J].农业经济问题,2001(8):32-35.
[92] 张遂,马慧琴.中国三农问题研究[M].北京:中国财政经济出版社,2003.
[93] 张英洪.给农民自由[J].改革与理论,2002(2):40-42.
[94] 张佑林.农村剩余劳动力迁移的推力与拉力因素[J].改革,2005(7):64-69.

[95] 赵楠,王涛.中国农业剩余劳动力的区域特征研究[J].云南民族大学学报(哲学社会科学版),2016(1):145-150.

[96] 中国农民工问题研究总报告起草组.中国农民工问题研究总报告[J].改革,2006(5):5-30.

[97] 朱新武.把农村流失的资金返还给农村[J].中国国情国力,1998(9):27-28.

[98] 祝保平.农村税费改革试点的进展、难点及思考[J].中国农村经济,2001(2):28-31.

[99] 邹东涛,欧阳日辉.发展和改革蓝皮书:中国改革开放30年(1978～2008)[M].北京:社会科学文献出版社,2008.

后　　记

　　学者的学术研究旨趣往往与其成长背景和生活经历有关,而从事社会科学研究的学者在这方面表现尤甚。我出生在一个贫苦农民家庭,上高中之前一直生活在农村,高中三年是在小县城度过的。农村留给我最刻骨铭心的记忆,不仅有缺衣少食的物质之贫,更有面朝黄土背朝天的农耕之累,对物质之贫我还可以勉强忍受,但对炎炎夏日下的农耕之累我从小就深怀恐惧。于是从上初中开始,我的内心就升腾起逃离农村的强烈愿望,而发奋读书考上大学是唯一的出路。在繁华的国际大都市上海上了四年大学之后,本可以有机会到大城市工作,但还是毅然决然地回到了家乡的一个中等城市,以为这样可以更好地照顾生活在农村的父母。

　　大学毕业二十多年来,我一直待在高校里以教书为业,也以教书为生,教书之余兼做一些学术研究。现代文史学者王骧曾自称为"一个普通的城市平民,穷不失志的清苦教师,教书而外唯读书,舌耕之余兼笔耕"。这也是我自己现在生活的部分写照。其实人都一样,活着就得耕作——或农耕,或舌耕,或笔耕……各忙各的耕作,也各有各的辛苦。著名法学家贺卫方则"很庆幸生在一个有大学的时代,使自己这种既不喜官场气息又不懂经商之道还恐惧农耕之累的散木之人,居然可以过上一种不失尊严的生活"。读之,顿生"于我心有戚戚焉"之感。

　　由于和农业、农村、农民有着"剪不断,理还乱"的天然联系,我的学术研究都或多或少与"三农"问题相关。农村的成长背景和生活经历,对我的"三农"问题研究无疑是一种重要的财富,因为研究对象是我所熟知的,其中还内蕴着自己的情感。不过,与研究对象的过分亲近,有时也会成为研究的一种障碍。因为很难与研究对象保持适度的距离,很有可能使研究者陷入"不识庐山真面目,只缘身在此山中"的窘境;也很难在研究中将情感因素悬置起来,从而极有可能使研究本身失去其应有